여행이 말할 수 있다면

여행이 말할 수 있다면

문상건 에세이

슬기북스

차례

프롤로그	9 여행이 말할 수 있다면				
1부 방랑	15 방랑	19 오래된 여행자의 거인적인 기록 오아시스 같은 여행기		25 그날의 휴머니즘	29 가상 인터뷰
	34 변질에 대한 경계	37 소멸	41 여행 필수품 세 가지	44 틀림이 아니라 다름	48 필요한 만큼만
	53 여행, 작가 그리고 문장	58 독자의 몫	61 낯선 길에 선 자에게		
2부 사랑	65 사랑	69 당신을 위한 전염, 음유	72 여관	75 5년 만의 2차	79 옵시다
	82 지긋지긋한 잔소리	87 일상과 삶의 차이	90 피사체	93 여행을 마음먹기	96 여행의 신이 있다면
	100 고독	104 변질된 말	106 생의 서		

3부 행복	111 행복	115 다큐의 힘	118 카메라	121 선언	124 무엇을 볼 것인가
	128 지금 나누지 않는다면	131 장래희망	135 누가 더 행복할까	139 파열	143 계획
	146 가난	151 배낭여행			
4부 외로움	157 외로움	161 고백으로 전하는 위로	163 외롭지 않은 외로움	166 여행의 교수법	169 마지막인 줄 모르고
	172 둘이 아니라서	175 결혼	178 내가 만난 여행자들	182 미련을 거두며	185 기록되는 것
	188 강박이 아니라 일탈	191 진심	193 도도한 쪽은 여행		

5부 리얼리티	199 리얼리티	202 여행의 비극, 광대의 희극 그리고 리얼리티		208 립스틱	213 소확행
	217 용서	220 찬타부리	225 참 쉽죠	229 사랑을 확인하는 가장 확실한 방법	
	235 행복 하신가요	240 Y 이야기	244 S 이야기	247 쓰는 사람	
6부 공존	251 공존	255 사라지는 것들에 대하여, 문화 실록		259 완행	263 글과 사진
	267 성장통	271 국내여행	275 전례 없는 숙제	281 경유	287 무지개
	291 섬	300 맛집	304 향수		
에필로그	311 우리의 진짜 나이는		316 인용 도서 목록		

여행이 말할 수 있다면

　나는 어릴 때부터 방랑벽이 있었던 거 같다. 익숙한 길보다는 낯선 골목길로 들어서는 걸 좋아하고, 약속 장소에 20분 정도 일찍 나가서 주변을 둘러보는 습관이 있다. 언제나 프랜차이즈 식당보다는 부산댁, 전주집, 영수네 같은 상호에 먼저 끌린다. 이런 간판을 보고 나면 갑자기 음식의 맛보다는 가게 주인이나 주방장의 사연이 궁금해지기 때문이다. 이렇게 내 몸과 마음은 늘 낯선 곳을 향해 떠돈다.

　내게 방랑벽이란 결정권과 책임질 수 있다는 각오의 조합이다. 이 길로 갈까 말까에 대한 선택을 오로지 스스로 한다는 떨림과 저 끝에서 겪게 될 모든 것을 받아들여야 한다는 긴장감. 이것은 내가 자아를 확인할 수 있는 방식이며, 계속 살아갈 수 있다는 안심이 돼준다.

　태어나는 순간부터 죽는 순간까지 끝없는 선택의 여정이 삶이라고 한다. 우리 삶에서 선택이 아닌 게 없지만, 나는 더 날렵하게 결정해야

프롤로그

여행이
말할 수
있다면

하고 결과에 맞서 보겠다고 맹렬하게 마음먹을 때 살아있음을 느낀다. 어쩌면 그래서 여행이 내게 어울린다고 생각한 건지도 모르겠다. 간혹 삶이 할퀴기라도 하면 나는 참지 못하고 방랑자가 되었다. 일상에서 마주칠 수 없는 느낌을 찾아 나섰음으로 일탈이라고 정의한 채.

하지만 여행은 삶을 피로하게 받아들이는 것이 아니라, 기꺼이 맞설 때 빛난다. 나는 이걸 깨닫기 위해 수많은 안달과 불안에 쫓겼지만, 이제야 비로소 알 거 같다. 여행이야말로 가장 가볍고 자연스러운 비일탈이라는 것을. 여행하며 셀 수 없을 만큼 많은 감탄과 감동, 배움의 순간이 있었지만, 여행을 오래 쉬고 있는 요즘에야 일상이 곧 여행이며 여행이 곧 일상이라는 말이 이해된다. 여행이 특별한 건 분명하지만 그렇게 비교되는 한 사람의 배경, 즉 일상은 무엇인가. 나는 여행을 통해, 그 일상이 이미 여행만큼 아름다웠음을 이야기하고 싶다. 그러나 그 이야기를 풀 수 없어 오랫동안 답답하다.

무엇인가를 알았다고 할 때마다, 그것이 곧 얼마나 모르는지를 시인하는 꼴이 된 게 한두 번이 아니다. 분명히 부끄러워질 것이라는 걸 알지만, 이제 그만 마침표를 찍는다. 이 책에서 말하려는 여행의 본질이 인간의 본능이나 본성과 같다는 것을 독자들이 공감해준다면 좋겠다.

여행이 말할 수 있다면
여행은 우리의 여행을 지켜보며 어떤 생각을 할까.
어떤 이야기를 들려주고 싶을까.

여행자의 운명을 타고난 동시에 오래된 전업 작가 여섯 명의 책 속에서, 나는 여행의 목소리를 들을 수 있었다. '여행작가'가 창작이나 표현에서 범주나 분야를 한정하는 것이라면, 나는 그들을 여행작가라고 단 한 번도 생각한 적 없다. 그들의 문장은 여행 중에 정리되거나 여행을 목소리로 사용했을 뿐, 우리의 일상, 일상 이전과 이후 모두에 대해서 이야기한다.

여행의 겉이 아니라
내면에서 반추한 감동과 성찰을 나누기 위해
진솔하게 쓰이고 차곡차곡 여물어진 문장.

이런 문장을 담은 책은 우리를 여행지로 부추기기도 했고, 행복 앞에서 망설이지 않게 하는 용기와 위로가 됐다.

여행을 추려내어 글과 사진을 남기는 일이 지금처럼 편리한 방식은 아니었다. 일기장이나 수첩에 쓰인 글은 여행이 끝나고 원고지에 옮겨질 때까지 수없이 다듬어졌다. 그중에 몇은 여행 중에 더 좋은 문장으로 고쳐졌고 나머지는 길 위에 남겨졌다. 셔터 위에서 손끝이 떨리는 사진가의 소신, 필름을 확인하려면 먼저 여행을 마쳐야 했던 사진가의 인내. 이런 섬세한 손길이 묻은 사진은 분명히 다르다. 여행만 찍은 것이 아니라 사진가까지 함께 담고 있기 때문이다. 찰나를 포착한 것이 아니라 찰나를 창조하는 사진을 나는 느낄 수 있다.

나는 한때 보여주기에 예쁜 사진을 기계처럼 골라 급하게 찍고, 인스턴트적인 묘사와 과장된 사연을 서둘러 SNS에 올리며, 맛집과 명소를 강박적으로 찾았다. 숙제 같은 여행이었다. 그때의 내 모습은 여행자나 작가가 아니라, 우쭐하고 싶어 하는 콘텐츠 생산자였다. 내가 간 곳이 특별한 여행지, 내가 먹은 식당이 맛집, 내 여행은 특별한 콘셉트가 있는 것처럼 보이려고 했다. 여행에서 성취나 우월을 탐하며 남들의 이목을 끌고 싶었다. 그런데 스마트폰이나 모니터 속에는 나와 비슷한 사람이 가득했다. 탄성이 나올 만큼 멋진 사진과 사연은 많았지만 스크롤과 함께 쉽게 휘발되고 말았다. 아쉽고 슬펐다.

하지만 여행의 목소리를 담은 문장은 더욱 견고해져 간다. 여전히 처음과 같은 방식으로 여행하고 글을 쓰는 작가와 그들의 저서에서 밑줄 친 소중한 문장을 여러분의 곁으로 보내고 싶다.

저서의 인용을 허락해 주신 변종모, 이지상, 박민우, 박준, 이용한, 최갑수 작가님에게 진심을 담아 감사드립니다.

2019년 8월
문상건

1부

방랑

방랑

요즘은 도삭면을 모르는 사람이 많지 않을 거 같다. 밀가루 반죽을 칼로 깎아 만든 면의 특별한 식감이 혀를 즐겁게 한다. 거기에 매콤하고 시원한 빨간 국물에 은은한 중국식 향신료까지 더해져, 처음 먹었을 때의 풍미를 잊을 수 없다. 가장 부러운 사람 중 하나가 도삭면을 아직 맛보지 않은 사람이라고 할 정도다. 이렇게 맛있는 도삭면으로 시작했으니, 다른 곳의 도삭면을 먹기가 망설여진다. 실망하고 싶지 않기 때문이다. 여전히 그날을 생각할 때마다 입안 가득 침이 고인다. 내게 도삭면을 처음 알려준 이는 이지상 작가다.

그를 처음 만났던 날, 건대입구역에 일찍 도착한 나는 양꼬치 거리까지 두 번 어슬렁거렸다. 하지만 눈에 들어오지 않은 곳으로 그가 안내한 것이다. 도삭면과 샤오룽바오를 먹었던 거 같다. 그때까지 고수를 즐기지 못한 나에 비해, 고수를 듬뿍 올려 먹는 그에게서 왠지 오래된 여행자의 기운을 느낄 수 있었다. 벌써 2년 전 일이다.

작가의 저서를 인용해서 책을 쓰고 싶다고, 여행의 본질을 알릴 수 있었으면 좋겠다고 했을 때 그는 그러라고 했다. 그리고 인용할 때 주의해야 할 저작권과 사용권에 대해서도 잘 살피라는 조언을 아끼지 않았다. 책방에 가서 커피를 마시며 이런 저런 이야기 끝에 내가 느낀 건 이지상 작가는 천성이 여행가라는 것이다. 여행자가 아니라 여행가. 그 뒤로 글을 쓰며 여행자나 여행가 중에 알맞은 단어를 골라야 할 때면, 기준은 그가 됐다. 여행자는 여행을 하지만 여행가는 여행을 받아들인다. 여행자는 여행의 쾌락을 만끽하지만 여행가는 여행을 뺀 나머지를 만끽한다. 여행자는 집으로 돌아가지만 여행가는 집으로 돌아가서도 여행을 끝내지 않는다. 그를 통해 내가 느낀 건 방랑이었다.

자유롭고 거칠고 무모하고 직설적인 느낌이 방랑에 깃든 이미지라고 생각했던 나는, 그를 만나고 그의 책을 읽으며 방랑 속에서 다른 것을 보았다. 첫 번째는 스스로를 낮추는 겸손이다. 내면이 확장될수록 세상의 일부임을 자각하는 것이다. 두 번째는 세상 모든 이를 향한 사랑이다. 같은 여행자를 보며 느끼는 동지애, 우리가 여행할 수 있도록 그 자리를 지켜준 현지인에 대한 감사가 그것이다. 결국 방랑이란 경계를 확인하는 것이 아니라 연결되어 있음을 배우는 것이다.

이지상 작가를 만나고 나서 처음 떠난 여행지는 홍콩이었다. 나는 홍콩에서 시공간이 모두 연결되어 있음을 느꼈다. 성냥갑으로 탑을 쌓은 것 같은 홍콩의 아파트에서 사진 찍을 포인트를 찾는 게 아니라, 영화 『화양연화』의 주거 형태가 떠올랐다. 영화의 설정은 여기서 시작한다. 나는 영화『첨밀밀』의 주인공인 이요와 소군이 처음 만났다고 알려진 맥도날드에서 빅맥세트를 먹으며, 홍콩의 역사와 경제를 연결했다. 이요와 소군은 고향을 떠나 홍콩에 왔지만 꿈도 사랑도 이루지 못한다. 결국 미국까지 가게 된다. 심지어 OST로 등장하는 등려군도 고향에서 밀려나 타국에서 죽게 된다. 그 시절엔 왜 그랬을까. 나의 관심은 미국으로 이주한 조부모 세대의 아메리칸 드림으로 옮겨갔다. 나는 홍콩에서 홍콩만 여행한 게 아니었다.

여행은 점과 점을 잇는 선이나 면이 아니라 입체다. 시간과 공간을 넘나들게 하고, 자신이 사고하는 만큼 방랑할 수 있는 것이다. 당신의 여행에 방랑을 심어줄, 오래된 여행자의 방랑기가 궁금하지 않은가. 내게 그랬던 것처럼 당신의 여행에도 오아시스가 되어 줄 것이다.

오래된 여행자의 거인적인 기록
오아시스 같은 여행기

> 누구나 떠나는 이유는 다르겠지만 떠나는 순간만큼은 운명처럼 다가온다.
> — 『낯선 여행길에서 우연히 만난다면』

스무 권이 넘는 저서를 출간한 이지상 작가. 그의 책 중에서 『슬픈인도』와 『낯선 여행길에서 우연히 만난다면』을 먼저 읽었다. 오 년 전이었다. 그리고 삼 년 전, 다시 한 달 전 바로 어제이기도 했다. 나보다 이십 년 먼저 여행한 사람이 이십 년 먼저 쓴 책에서 오늘도 동질감을 느낀다. 나보다 앞서 나처럼 생각했던 사람이, 나처럼 여행을 대한 사람이 있다는 사실. 그것은 처음 거울을 들여다본 사람의 마음이다.

여행 중에 쉼 없이 반복된 사색과 성찰. 그 속에 자리 잡기 시작한 무엇, 아무에게도 말하지 못한 것을 작가가 불러주었다. 그것은 여행하는 또 다른 자아가 실존한다는 확인이기도 했다. 그의 문장은 최고의 여행 파트너다.

이지상 작가는 스스로를 오래된 여행자라고 부른다. 어떤 곳에서는 여행전문가로 소개되기도 했으며, 여러 대학교에서 정기적인 강의를 하고 방송에서 MC를 맡기도 했다. 하지만 그는 여행 가방을 꾸리는 방법이나 공항에서 유용한 팁, 고작 몇 개월의 여행으로 그 지역의 전문가라고 자칭하는 부류와는 완전히 다르다.

그의 여행기는 먹고 자고 마시고 이동하고 감상하는 1차원적인 이야기가 아니다. 여행지와 현지인이 지금의 모습으로 있기까지 겪어왔던 스토리와 그에 대한 해석을 절제된 시각으로 풀어낸다. 관련된 영화, 신화, 소설, 어원이나 학설까지 꼼꼼하게 확인한 후 소개한다. 여행을 숙성시킬 수 있도록 시야를 넓혀주는 것이다. 그렇다고 여행기에 빠질 수 없는 에피소드가 부족한 것도 아니다. 스킨헤드와 이 대 일로 싸우기도 하고, 사기꾼에 속을 때면 거침없이 욕을 하거나 인상을 찌푸린다. 한편으로는 거지에게서 깨우침을 얻거나 다른 여행자를 통해서 자신을 돌아보기도 한다.

나는 이전까지 여행전문가라는 말에 예민했고, 책을 내기 위해 억지로 분량을 늘리거나 과장된 이야기를 담은 여행기에 지쳐있었다. 그때 읽은 『그때, 타이완을 만났다』와 『도시탐독』은 오아시스 같은 책이다. 『그때, 타이완을 만났다』를 읽은 것은 대만을 세 번 다녀온 후였다. 굵직한 도시는 들렀었고, 나름의 여행방식에 자신감을 가지고 있을 때였다. 그런데 작가의 대만 여행기를 읽으며 나는 의자에 앉아 네 번째 여행을 할 수 있었다. 그 여행은 이전 세 번의 여행보다 훨씬 알찼다. 대만을 바라보는 눈이 밝아지는 기분이었다. 내가 미처 관심 가지지 못한 것들이면서 대만을 감상하고 이해하는 데 너무 중요한 것들, 가이드북이나 블로그에서는 아무도 말하지도 찾지도 않는 것을 작가는 일러주고 있었다. 나는 작가가 말하는 타이완에 대해서 완전히 동감한다.

> 타이완의 매력이 더욱 널리 알려졌으면 좋겠다. 타이완은 아직 우리에게 그 진가가 충분히 알려지지 않은 보물섬과 같은 곳이다.
> (중략)
> "삶이 힘들다고 느껴지는 분들, 낯선 땅을 헤쳐 가는 여행이 두렵거나 귀찮아진 분들이라면 타이완에 한번 가 보세요. 거창한 것 기대하지 말고 이웃집 마실 가듯 가 보세요. 잘 먹고, 잘 쉬고, 잘 놀다 보면 문득 '이게 행복이구나' 하는 기쁨을 누릴 수 있을 겁니다. 단, 겸손하고 느긋한 여행자가 되어."
> —『그 때, 타이완을 만났다』

『도시탐독』은 예습이었다. 홍콩이란 작은 땅에 숨겨진 매력을 발견하고 싶어, 금세 호기심이 일었다. 야경 투어나 린콰이퐁, 주룽반도와 홍콩섬에 갇히지 않게 된 것은 순전히 작가의 문장 덕분이다. 2박 3일, 길어도 4박 5일 코스로 여겨지던 홍콩은 자전거 하이킹, 섬 트레킹, 홍콩영화와 함께라면 몇 달이라도 볼거리가 넘쳐나는 곳이라고 생각하게 됐다.

이런 방식으로 여행기를 쓰는 건 놀라울 정도로 정성스러운 작업이다. 작가의 경험만 말하는 것이 아니기 때문이다. 자료의 출처를 밝혀가며 필요한 정보를 곁들인 그의 혜안과 노력에 독자로서 그저 감사한 마음이다.

동유럽을 십 년 동안 두 차례 여행하고 쓴『황금소로에서 길을 잃다』는 공산주의가 몰락했을 때부터 지금의 밝은 동유럽 모두를 소개한다.
역시 십 년 동안 세 차례 다녀온 터키 여행기『길 위의 천국』은 실크로드로서의 터키와 2002년 월드컵 이후 더 돈독해진 형제의 나라에 대해서 말한다.
베트남 여행기도 십 년이 넘는 동안 네 차례 다녀온 후『호찌민과 시클로』라는 책으로 만들어졌다. 이 책은 수많은 자료를 통해 베트남을 이해하는 새로운 시도를 제시한다.
핸드폰과 인터넷이 없던 시절의 여행을 우리는 상상하기도 어렵다. 바로 그때 실크로드를 여행한『길 없는 길 실크로드』에서는 수천 년 전 그 길을 걸었을 상인과 방랑자가 느껴진다.
아시아를 수십 번 드나들었던 여행기『황홀한 자유』. 시베리아를 횡단한 러시아 여행기『겨울의 심장』. 아프리카를 노래하는『나는 늘 아프리카가 그립다』. 앙코르와트에 대한 해박한 지식과 캄보디아에 대한 연민을 담은『혼돈의 캄보디아 불멸의 앙코르와트』모두 샘물 같은 책이다.

세상의 모든 여행자들은 결국 인도로 흘러든다.

-『슬픈 인도』

인도에 대해서 작가는 이렇게 이야기한다.

인도의 다양한 모습 중에서 저는 한 가지 색깔만 보여주었을 뿐입니다.

글쎄요. 어딘가 다시 인도의 다른 면을 쓰게 될까요? 첫 인도여행기가 처음 여행한 지 십여 년 만에 나왔으니 두 번째 인도여행기는 또 십여 년 후에 나오게 될까요?

무슨 필생의 대작을 기다리느라 그런 것이 아닙니다. 그렇게 생각했다면 저는 인도 혹은 다른 나라에 대해서도 글을 쓰지 말았어야 합니다. 모두 부족하고 부끄러운 글이니까요.

다만, 그런 '대작'을 생각했다면 결국 저는 '하나'도 못 쓰고 죽어버릴 것이라는 예감 앞에서, 아는 만큼, 경험한 만큼 겸손하게 쓰는 것이 중요하다는 생각이 들었기에 썼던 것이지요.

그런데…. 인도는, 인도만큼만 자꾸 저에게 쓰지 말라고 하네요. 쓰지도 말고, 찍지도 말고 그냥 빈 마음으로 떠돌라고 하네요.

저도 종종 인도 땅은 텅 빈 땅으로 남겨놓고 싶은 충동을 느끼곤 합니다.

-『여행가 언젠가 저 길을 가보리라』

십년 동안 인도를 네다섯 번 다녀오고도 인도의 작은 부분만 알았다고 한다. 그중에서도 경험한 만큼만 쓴다는 작가의 문장을 읽으며, 일부러 힘들게 쓰인 책이 있을 거라는 희망을 가져본다.

> 여행歌가 끝난 지금, 다른 분들의 여행歌를 듣고 싶군요. 그들의 노래를 들으며, 저만 이런 삶을 사는 게 아니구나라는 사실을 깨달으며 위안 받고 또 배우고 싶어서요. 기다리고 있겠습니다.
> ─『여행가 언젠가 저 길을 가보리라』

지금까지 이지상 작가가 노래한 여행가에 대한 답가가
여행자들 사이에서 울려 퍼지기를 바라며.

나는 이 책으로 답가를 노래한다.

그날의 휴머니즘

새벽 한 시에 도착한 인도의 첫 도시 콜카타의 공항. 해가 뜰 때까지 노숙하며 결성된 한중일 여행자는 택시를 함께 타고 서더스트리트로 달렸다. 창문으로 몰아치는 거친 바람과 흙먼지를 뒤집어쓰며 이렇게 실감했다.

'와, 듣던 대로 말썽이네. 드디어 인도에 왔구나.'

우리는 가벼운 인사만 나누며 헤어졌다.

그러나 우리는 주소를 교환하지 않았다. 우리는 그저 스쳐 지나가는 바람 같은 인연으로 남고 싶었다. 그럴수록 내 가슴속에는 그들과의 인연이 더 진하게 남아있다. 아마 다시 만난다 하더라도 또 그럴 것 같다. 다만, 혹시라도 어디선가 그들을 다시 만난다면 이제 중년이 넘어가는 그들을 꼭 껴안고, 잘 살아왔다고 등을 토닥거려 주고 싶다.
길에서 만난 나의 사랑하는 인연들이여, 다시 만나지 못하더라도 어디에서든 잘 살아가기를….

－『낯선 여행길에서 우연히 만난다면』

마더데레사하우스에 봉사하러 온 일본여자야, 보드가야로 간다던 중국남자야! 우리 모두 잔뜩 겁먹고 공항 밖으로 나가지 못했던 날, 쭈뼛쭈뼛 서로를 끌어당기던 날. 5년 전 그날의 여행은 잘 마쳤니? 너희도 가끔 내 생각을 할까. 내가 택시비를 20루피 정도 더 냈던 거 같은데. 이렇게 사소한 것까지 기억하게 될 줄 몰랐는데. 그깟 20루피가 뭐라고. 난 그날 첫 숙소 구할 때부터 어떤 할아버지한테 소개비로 30루피 뜯겼거든. 그런데 서더스트리트에 머무는 동안 길을 잃으면 어느새 그 할아버지가 나타나서 길을 알려 주더라고. 그때부터 나는 인도가 지낼 만한 곳이라고 생각했어. 너희는 어땠니? 다시 인도에 간다면 마더데레사하우스에서 봉사하며, 보드가야 보리수나무 아래에서 안부 전할게.

나는 삶의 본질을 보고 싶었다. 사람은 상처를 받고 거꾸러져 봐야 삶의 본질을 본다. 사람들이 좇는 저 위의 화려한 것들이 허상임을 깨닫는 날, 풀 같은 보통 삶이야말로 상처받은 우리를 위로하고, 넘어진 우리를 다시 일으켜 세우는 힘임을 알게 되는 것이다.

－『그때, 타이완을 만났다』

다질링 기차역 짜이 아저씨! 제가 아저씨 짜이를 매일 마신 건 맛이 뛰어나서가 아니에요. 이미 여러 번 이야기해서 아저씨도 잘 알겠지만 당신의 예쁜 딸 때문이랍니다. 몇 년이 지났으니 이제 열 살쯤 됐겠군요. 나도 아저씨도 당신 딸의 놀라운 명석함에 함박웃음 지었지요. 공부를 해야 한다고 얼굴에 쓰여 있잖아요. 딸을 집에 혼자 두지 못해 길거리에 나란히 서서 짜이를 파는 아저씨의 형편이 짐작은 가요. 하지만 그 예쁜 소녀가 꼭 학교에 다니고 있다면 좋겠어요. 떠나는 날 펜과 공책을 샀는데 아저씨를 만나지 못했어요. 내가 다시 간다면 여전히 그 자리에 계실까요? 만날 수 있을지 모르겠어요. 소녀의 얼굴은 기억나는데, 아저씨는 잘 모르겠거든요. 그래도 소녀의 사진을 가지고 있으니까, 내가 먼저 찾아볼게요.

> 우리의 삶처럼 여행길에는 온갖 희로애락이 다 있었다. 여행은 압축된 삶이었다. 한 번의 여행은 한 번의 삶이었다. 수없이 되풀이 되는 삶 속에서, 스쳐 가는 소박한 사람들이야말로 이 세상에서 가장 아름다운 존재들이었다. 비록 이름도 모르고, 다시 만나지 못한다 하더라도.
>   -『겨울의 심장』

부다페스트에서 공부하고 중국 위난성으로 돌아가던 유학생, 대만에서 여행 온 여대생, 비자를 갱신하러 인도네시아에서 온 노동자, 옆구린 터진 배낭 속에 고급스러운 실크 잠옷을 챙겨 다니는 그리스 여자. 우리는 어떻게 작은 나라 홍콩에서 조그마한 게스트하우스의, 이층 침대 세 개가 다닥다닥 붙어 있는 이 좁은 방에 함께 있게 된 걸까. 왜 이야기를 나누고, 왜 처음 보는 서로에게 친절하고, 왜 잘 알지도 못하면서 꼭 놀러 오라며 선뜻 주소를 건네는 걸까.

우리는 처음 보는 사이. 그리고 다시는 보지 않을 사이. 말조차 매끄럽게 통하지 않는 불편한 사이. 그런데 왜 우리의 서로 다른 많은 것에 대해서는 이야기하지 않고, 우리가 함께 이해할 수 있는 몇 가지만으로 대화가 되는 걸까. 초대도 승낙도 모두 거짓말이 돼버렸지만, 왜 마음이 뜨듯해지지. 우리가 이야기하며 쓴 단어와 소재는 한정적이었지만, 하려던 말은 이미 알고 있기 때문이겠지.

여행이 끝나더라도 오늘처럼 행복해야 해.

떠나왔을 때 수많은 사연들이 있었겠지.
그리고 돌아가면 또 수많은
각자의 사연들이 기다리고 있겠지.
콩깍지 속의 콩들.
이제 여행이 끝나면
다시 저 험한 세상 속으로 흩어지리라.
세상을 외롭게 낱개로 굴러다닐 콩들아.
더욱 단단해지고 어디에서든지 뿌리를 내리거라.
콩들아, 잘 살아야 해.
　　　　　　　－『낯선 여행길에서 우연히 만난다면』

가상 인터뷰

지금은 마치 해외여행 의무화 시대 같습니다. 이력서에 해외 체류나 여행 경험을 쓰는 칸이 따로 생겼을 정도니까요. 그런데 처음부터 지금처럼 해외여행을 자유롭게 할 수 있었던 건 아닙니다. 해외여행 자유화가 처음 시작되었을 때 어땠나요?

> 1988년 7월 1일부로 만 30세 이상 여행할 수 있도록 법이 개정되었다. 깊이 생각할 것도 없었다. 7월 2일 날 즉시 여권 신청을 해서 2주일 후 여권을 찾았다. 녹색 여권을 받아 들며 허망한 생각이 들었다. 이렇게 쉽게 얻을 수 있는 것을….
> 먼 길이었다.
>
> -『길 없는 길 실크로드』

그러다 1989년 1월 1일부터 해외여행에 나이 제한이 없어졌습니다.

아마 그때는 첫 해외여행의 설렘을, 온 여행자가 함께 느꼈을 거 같은데요.

> 고함이라도 지르고 싶은 심정이었어요.
> 이 심정을 이해하실까요?
> 지금 자유롭게 해외여행을 할 수 있는 분들은 상상하기 힘들 겁니다.
> 평생 여권 얻을 날을 그려오다가, 마침내 여행자유화가 된 지 몇 개월 만에 갑갑한 세상을 탈출해 미지의 세계에서 새로운 삶을 시작하는 이 기분. 그건, 거대한 담장에 둘러싸인 감옥을 탈출하는 탈옥수의 심정 바로 그것이었습니다.
> －『여행가 언젠가 저 길을 가보리라』

첫 여행지는 대만이라고 알고 있습니다. 첫 여행을 다녀온 후 많은 것이 달라졌다는 것도 들었습니다. 저도 첫 여행이 대만이었고, 그 뒤로 많은 것이 바뀌었습니다. 내가 주인공이 아니던 삶에서 주연이 되기로 결심하며 고민이 많았거든요.

불면의 밤을 보내던 어느 날, 이런 질문을 해보았습니다.
만약 이 직장생활을 계속해서 안정되게 살고, 외국에도 근무하고, 승진도 잘해 이사가 되고… 그렇게 잘나가다 퇴직한 후, 나이 먹어 여행을 한다고 했을 때 과연 나는 행복할까? 아무리 백번 고쳐 생각해도 저는 행복하지 않을 것 같았습니다. 만약 그렇게 살다가 죽는다면 저는 죽어도 눈을 못 감을 것 같았습니다. 저마다 인생관, 가치관이 다르니까 이런 말을 들으면 이해가 잘 안 되는 분들도 있겠지만 저는 정말 절실했습니다.

열정을 가슴 한가득 안고 저 미지의 세계를 방랑하고 싶었습니다. 그렇습니다. 저는 해외풍물을 보고 돌아오는 가벼운 여행을 원한 게 아니라, 세상 끝까지 떠돌며 사람을 만나고 모험을 즐기는 방랑을 원했던 것이지요.

그렇다면, 안정되게 살다가 자리에 누워 화환에 싸인 채 죽는 것보다 길을 가다 쓰러져 죽는 것이 차라리 행복하다는 생각이 들었지요.

-『여행가 언젠가 저 길을 가보리라』

맞습니다. 제가 하고 싶은 말을 해주셨네요. 제가 바랐던 건 관광 같은 여행이 아니라 유목에 가까웠습니다. 그것을 이해하는 사람은 많지 않습니다. 그런 삶을 생각해보지 않은 사람에게는 마치 다른 세계의 이야기로 들리니까요. 어차피 한 번은 해야 하는 일이라고 확신하고 있었습니다. 그래서 떠나야만 했습니다. 작가님에게 그토록 길 위에 서야만 했던 이유는 무엇입니까?

난 굴레를 벗고 싶었다. 모든 편안함과 구속을, 안정과 나태를, 예측 가능한 미래와 답답함을. 한마디로 생존하는 것이 아니라 진정하게 살아있음을 경험하고 싶었다. 돌이켜 보건

대 살아오며 진정 살아있음을 느낀 적이 한순간이라도 있었
던가?
단 한 순간만이라도 내가 진정 자유롭게 살아있음을 느낄 수
있다면 목숨이라도 내놓고 싶은 이 심정을 아시겠습니까?
이건 거역할 수 없는 나의 운명입니다. 길 없는 길이라도 나
는 가야 합니다.

－『길 없는 길 실크로드』

제게 그나마 위로가 되었던 건 길 위에서는 나와 같은 방랑자가 많았다는 겁니다. 그런데 희한한 건 그런 여행자들이 찾는 곳이 비슷하다는 것입니다. 신경이 곤두서고 오감을 쉬지 않고 발휘해야 하는 인도 같은 곳 말이죠. 심지어 숙소를 고를 때도 비슷한 경험을 많이 했습니다. 몇 곳 둘러보고 선택하면 쉰내 풀풀 날리지만 꽤 멋진 장기여행자들이 모인 곳이었죠.

왜 우리는 위험한 지역, 위험한 인생을 스스로 택하는 걸까? 만용 때문일까? 남에게 잘난 체 하고 싶어서일까? 물론, 유치한 소영웅심도 있을 것이다. 그러나 모험심은 우리 속에 깃든 본능이다. 그것은 더 큰 자아를 찾고자 하는 성스러운 충동이며 통과의례이다. 신화학자 조지프 켐벨에 의하면, 인간은 두 번 태어난다. 한 번은 몸이 태어나고 두 번째로 영혼이 태어나는데, 모험과 통과의례는 영혼이 태어나는 과정이다.

－『언제나 여행처럼』

여행이란 가장 날 것, 그리고 태고의 본능을 일깨우는 것이라고 생각합니다. 영혼의 숨결을 들을 수 있고, 스스로를 용서하거나 사랑할 수 있는 것이고요. 긴 여행은 우리를 성장시킨다고 확신합니다.

> 자신을 믿고 먼 길을 갈 용기와 확신을 가진 이라면, 장기 여행은 일생에 한번 해볼 만한 일이다. 이 시대에 장기 여행은 '성인식'처럼 인생의 통과의례와도 같다.
> 고대 신화 속 작은 영웅들을 보면, 어느 날 자신의 삶에 대해 회의를 느끼면서 자신의 근원을 알기 위해 익숙한 세상을 용감하게 등진다. 그리고 이곳저곳 떠돌면서 수많은 난관에 부딪히고 성장한 후 다시 자신이 살던 곳으로 돌아온다.
> 성장은 그렇게 단절로부터 시작된다.
> 　　　　　　　　　　　- 『낯선 여행길에서 우연히 만난다면』

항상 그래왔던 거 같습니다. 세상과 단절된 군대에서 한 뼘 자랄 수 있었고, 어른들의 보호에서 단절되는 대신 자유가 확장되었죠. 사랑의 단절로 마음에 굳은살이 생겼고, 수입이 단절될 때면 궁핍이란 스승이 있었으니까요. 단절 덕분에 언행에 책임질 줄 알고, 솔직한 가슴을 열게 됐어요. 생활력도 키웠고요.

익숙함이나 안정과 단절하고 선택했던 여행에서도 배운 것이 있습니다. 이제 더 이상 낯설어도 낯설지 않고, 불안해도 불안하지 않다는 것입니다. 오늘 하루를 사는 데는 하루만큼의 걱정만 하면 됩니다.

변질에 대한 경계

방랑자의 삶이란 게 늘 이렇다. 자유와 방종, 여유와 나태, 자기확신과 자기변명을 구분하지 못하면, 한때 젊은 날의 아름다웠던 방랑은 세월 따라 추악한 삶으로 전락하게 된다.
-『나는 늘 아프리카가 그립다』

글을 쓰는 이유 중 하나는 스스로를 경계하기 위해서다. 여행에서 돌아와 자유롭게 살고 싶다는 의지와 적게 가져도 좋다는 실천으로 살았다. 하지만 그것은 한낱 표방이었는지도 모른다. 내가 어디까지 추락했는지 알 수 없다는 두려움도 있지만, 조금이라도 나아가고 있다는 확신을 가지려면 쓰는 수밖에 없다.

사실, 속에 깊숙이 간직하고 있을 때 대단하다고 여겨지는 생각과 감정도 세상에 드러내놓는 순간 아무것도 아닌 것이 되어버리고 마는 것을 숱하게 경험했다. 자신을 드러낼수록 우쭐함보다는 부끄러움이 더 앞을 가린다. 그럼에도 불구하고 자꾸 쓰는 이유는, 숨긴 채 간직한 은밀한 자부심과 교만이, 드러내어 생기는 우쭐함보다 훨씬 더 나를 부패시킬 수 있다는 생각 때문이다.

- 『슬픈 인도』

첫 책이 출판되면서 작가로 불렸고, 관련된 일을 몇 번 하게 됐다. 공짜 비행기 티켓을 손에 쥐었고, 짧은 글을 쓰거나 강의를 하며 돈을 벌기 시작했다. 고백하건대 그때 나는 스스로 남다른 재능을 가지지 못했다는 걸 잘 알고 있었다. 하지만 '작가'라는 단어에 묘한 매력을 느끼면서 여행을 '수단'으로 삼는 프리랜서가 되려 했다. 그건 결코 내가 원하는 게 아니었다. 돌이켜 보면 이 바닥에서 쉽게 오지 않는 기회였지만, 실력도 배짱도 없었기 때문에 받아들이지 않았다. 후회하지 않는다.

순전히 개인적으로 좋아서 했던 여행이었는데, 마치 '대단한 일'이라도 한 것 같은 착각에 빠지게 되었으니 어처구니없는 일이었다. 부러워하는 주변 사람들의 말이 그것을 더 부추겼다. 나는 그렇게 변질되어 갔다. 또한 주변 사람들도 모두 그렇게 변질되는 것을 보았다. 처음에는 순진무구했으나, 이내 탐욕과 어리석음과 생활고 때문에 변질되고 말았다. 자유를 떠들수록 자유와는 무관한 삶이 전개되었다. 오히려 자유라는 이름 아래, 개인의 다양성이라는 이름 아래 여행은 자신의 쾌락과 치졸한 욕심, 혹은 도피를 만족시켜 주는 하나의 수단이 되어 버린 것이다.

-『길 위의 천국』

결국 다시 떠나야 했다. 아무 생각 없이, 단출한 배낭을 쌌다. 스펀지처럼 흡수했다가 시원하게 증발시켜 버리는 여행을 했다. 좋았다.

여행이 수단이 되게 하지 말아야겠다고 다짐한다. 열심히 살아야겠다는 다짐도 한다. 매번 무너지고 마는 다짐이라 부끄럽지만, 그때마다 다시 믿는 수밖에 없다. 방랑이 방탕이 되어 몰락할 수도 있지만 마지막 순간까지 꼭 가보고 싶다. 손가락을 깨물며 변질을 경계해야 할지도 모른다. 그렇더라도 가슴이 떨릴 수 있다면, 모든 것을 길 위에 기꺼이 쏟고 싶다.

익숙함에 탐닉하는 순간, 정신에 기름기가 끼는 순간, 나태의 구렁텅이로 굴러떨어지며 구역질 나는 존재가 되어버리는 것이다.

그런 오래된 여행자들에게는 미래가 없다. 세월이 갈수록 남은 것은 회한이요, 자신의 인생은 돌이킬 수 없는 방탕이 되어버리는 것이다. 하여 이제 그들에게 고뇌와 고통은 부패를 막는 소금이 된다. 번민에 시달리며 땀과 눈물을 흘릴수록 빛은 선명해진다. 그때 여행은 다시 환희와 해방감에 가득 찬 가슴 떨리는 행위가 되지 않겠는가.

보드카에 취한 채, 나는 그렇게 반성문을 썼다.

-『겨울의 심장』

소멸

몇 해 전 죽음에 대한 인터뷰에서 이런 말을 했다.

"남기고 싶은 건 없어요. 정리를 한다면 물질적인 것은 아니에요. 누군가의 기억 속의 내 모습, 나로 인해서 파생되어 곳곳에 남아 있는 감정이 함께 사라질 수 있으면 좋겠어요. 그렇더라도 결국 가장 진실한 것은 남게 될 테니까요."

내게 마지막 날이 온다면 죽음에 대한 두려움이나 더 잘 살지 못했다는 후회는 크지 않을 거 같다. 다만 나쁜 생각이나 감정을 미처 해결하지 못했다면 조금 슬프겠다. 타인의 기억 속에 남아 있는 나에 대한 기억이 그들을 힘들게 할까 봐 걱정되기도 한다. 하지만 이런 염려마저 일종의 미련이다. 그래서 나는 완전한 소멸을 생각한다.

새벽 어둠이 걷히는 모습을 보노라니 내 가슴속에서는 한없는 희열이 솟구쳤다. 이곳에서 나는 익명의 존재. 이것처럼 편한 상태가 어디 있단 말인가. 나는 스쳐 지나가는 바람. 관계와 관계도 사라지고, 언어도 무용지물이 된다. 그 익명의 세계 속에서 저 달과 별과 숲만이 나를 보고 있을 뿐이다.

-『겨울의 심장』

영화『Into the wild』나 헤르만 헤세의『싯다르타』, 니체의『차라투스트라는 이렇게 말했다』처럼 스스로를 익명으로 내몰고 싶다. 고독하게 존재하면서 점점 사라져가는 여행을 하고 싶다. 실크로드나 미국의 PCT, 인도의 혼돈이나 히말라야 속으로 사라지는 상상으로 많은 시간을 보낸다. 어쩌면『Into the wild』의 크리스토퍼처럼 알래스카 같은 극북이 가장 적당할 거 같다. 그게 아니라면 동남아시아의 인적 드문 게스트하우스에서 한 그루의 나무처럼 지내는 것도 좋겠다.

우리는 이 환영 같은 세상 속에서 몸을 유지하기 위해 필요한 관계와 법칙 들을 현실이라고 생각하며 살고 있지만, 죽음을 앞두고 있을 때 현실이라고 생각한 것이야말로 덧없는 환상이며, 현실이 아닌 관념이라고 생각한 것들, 이를 테면 신, 존재, 절대자 등이야말로 '지독한 현실'이란 것을 알게 될지도 모르지 않는가.

-『낯선 여행길에서 우연히 만난다면』

길에서 발견한 것들을 발설하지 않은 채, 입안에 가둔 채 사라진다고 해도 나쁘지는 않을 것이다. 우리는 본래 본능적으로 표현하지 못하는 것을 찾기 위해 살고, 그것을 찾은 다음에는 꺼낼 필요가 없다는 것을 알게 되는 운명이지 않은가. 깨달음에 이르는 게 인간의 천운을 누리는 것이다.

> 언젠가부터 그 고통조차 소멸시키는 시간에 몸을 맡기고 싶었다. 그 단단해 보이는 현실은 모두 시간 속에서 소멸하고 있었다. 그 소멸 속에서 모든 것은 환상이 되어갔다. 눈앞에 흐르는 세상을 부정할 수도 없었지만, 그렇다고 세상에 대한 애착을 가질 수도 없었다. 다만 눈부시게 빛나는 소멸의 미(美) 앞에서 종종 가슴이 떨려왔다.
> —『호찌민과 시클로』

설원에 혼자 앉아 연어를 훈연하면서 어떤 생각을 하게 될까. 소박한 게스트하우스에서 붙박이 가구 같은 장기 투숙자가 된다면 세상은 어떻게 보일까. 그게 무엇이든 그것조차 소멸될 것이다. 단지 내가 존재하였고, 원하는 삶을 살았다는 것. 이것이 수식이 필요 없는 유일한 진실이다.

젊음의 치기일 수도 있겠지만, 직장을 그만두고 떠난 한 번의 여행으로 지금까지 삶을 가득 채웠다. 더 누리기 위한 구상보다는 나를 행복하고 달뜨게 했던 실체에 대해서 생각한다.

사람들아, 소유에서 오는 만족을 추구하지 말고 존재에서 오
는 기쁨을 추구하라.
지금 가진 것이 없어 눈물 흘려도 존재의 기쁨을 차곡차곡
가슴에 담아두라.
그대들의 눈물은 보석이 되고 미소는 별이 되리라.
등이 고부라지고 백발이 성성해도 그대들의 얼굴은 찬란해
지리라.
- 『낯선 여행길에서 우연히 만난다면』

죽음보다 어려운 것이 나이 듦이다. 사랑할 대상이 없어지거나 더 이상 행복을 매일 발견하지 못한다면 이미 죽은 것이나 다름없지 않을까. 신체의 건강을 살피는 것처럼 영혼의 건강도 늘 살펴야 한다.

소멸을 향해 마지막 순간까지 더 깊은 곳, 저 멀리 작은 점 하나 속으로 들어가고 싶은 것은, 여행이 영혼과의 만남을 주선하기 때문이다.

내가 의지해야 할 것은 '성스러운 장소'도 아니고, '성스러운
순간'도 아니었다. 그것은 모두 덧없는 것일 뿐. 결국 세상으
로부터의 '출구'와 세상의 '중심'은 다 내 몸과 마음속에 있
었다. 내 몸이 신전이고 성소였다. 또한 성스러운 순간은 그
신전에 깃든 내 마음이 그리는 꿈이었다. 하여 가장 중요한
것은 '지금, 여기' 있는 나의 몸과 마음이었다.
- 『언제나 여행처럼』

여행 필수품 세 가지

여행에 꼭 필요한 세 가지.

첫 번째는 가이드북이다. 여행이 거듭되고 경험치가 쌓이면 오만해지기 쉽다. 스스로 얻은 정보를 신뢰한다. 하지만 가장 빨리 힌트를 줄 수 있는 건 가이드북밖에 없다. 여행이 익숙하지 않다면 가이드북에 대한 의존도를 높이고, 자신만의 스타일이 생겼다면 의존도를 낮추면 된다. 어쨌든 제일 먼저 가이드북을 펼쳐라. 가이드북을 간과해서는 안 된다.

가이드북을 일일이 체크하는 답사 같은 여행을 추천하는 건 아니지만, '될 대로 되겠지'라며 무작정 길을 나서는 것은 더 미련한 행위다. 정말 될 대로 되어버리는 꼴을 보고 나면 그 섬뜩함을 알게 된다.

여행 중, 가이드북과 지도는 필수였다. 그러나 너무 거기에 의존하고 투철하게 여행하면 종종 여행이 피곤해진다. 가끔은 모두 가방에 집어넣고 휴가를 즐기듯 정처 없이 걷다 보면, 보는 대상보다 만나는 순간이 더 소중하게 다가오는 그런 때가 있었다. 그 순간이야말로 나만의 여행이었다.

-『길 위의 천국』

가이드북은 허투루 만들어지지 않았다. 최신 정보와 유행을 반영해서 개정되므로 언제나 유용하다. 여행에 익숙한 여행자도 가이드북을 통해 개괄적인 스케치를 한 다음 나머지는 여행 중에 채워나간다. 현지인에게 묻거나 먼저 경험한 여행자의 생생한 후기를 듣는 것이다. 여행자는 가이드북이 할 수 없는 실시간 정보를 제공해준다.

현지에서 만나는 여행자는 걸어 다니는 생생한 정보 책자다. 이들을 잘 사귀고 정보를 얻어내는 것이 어떤 정보 책자 못지않게 중요하다.

-『길 없는 길 실크로드』

두 번째는 수용력이다. 정보보다 중요한 것은 태도다. 언어, 문화, 종교가 다른 지역을 다니다 보면 황당한 경험을 하기 마련이다. 화나는 일이 있더라도 이해하려고 노력해야 한다. 로마에 가면 로마 사람이 되어야 하는 것이다. 당연한 이야기인 것 같지만 막상 부딪히면 쉽지 않다.

많은 것이 다를 거라는 각오도 좋고, 한번 해봐야겠다는 도전정신도 좋다. 어차피 받아들이는 것 외에 다른 방법은 없다. 그런데 확실한 건, 그곳에는 여행자를 불러들이는 매력이 있다는 사실이다. 그것을 확인하러 여행 온 것이라면 어떻게든 발견하는 쪽이 낫지 않을까. 열린 마음이라면 놓치지 않는다.

마지막 필수품은 호기심이다. 여행에서 호기심이 빠진다면 출장과 다를 게 없다. 골목길을 헤매다 우연히 발견한 분위기 좋은 카페에서 때마침 감미로운 음악이 포근하게 들려온다면, 가이드북에 소개된 맛집이며 여행자의 믿을 만한 추천 같은 건 내팽개칠 과감함이 있어야 한다.

그 순간이 여행의 복권을 긁는 것이니까.

틀림이 아니라 다름

　여행 중에 다름을 인정하는 여행자가 있고, 불평과 불만에 동조해주기를 강요하는 여행자가 있다. 전자는 상황과 사람, 나라를 별개로 생각하고, 후자는 쉽게 결론 내린다. 버스가 연착된 시스템을 비판할 수는 있지만 버스기사를 욕하는 것은 과하지 않을까. 하지만 후자는 벌써 그 나라의 GDP로 논점을 옮겨가기 시작한다. 거기다 대고 '여기는 우리만큼 시스템이 안 좋아서 각오해야 해요. 버스기사가 무슨 잘못이래요?'라고 했다가는 나까지 즉결 심판을 받게 된다.

　과연 이 세상의 기준이란 무엇일까? 그 모든 것은 내 습관으로 형성된 틀 안에서 바라본 부분적인 것일 뿐 영원한 내 것이란 없는 것 아닐까.
　영원한 내 것이란 게 없다면 다른 것들을 받아들여야 여행이 즐거워진다. 이것은 관념적인 얘기 같지만 실제 우리 삶에도 적용된다. 나는 타인을 받아들이고 인정해야 한다는 것을 어떤 철학에서나 종교 경전보다도 해외여행 중 음식과 부딪치면서 더욱 절실히 깨달았다.

『낯선 여행길에서 우연히 만난다면』

그런데 예정된 시각이란 무엇일까? 우리나라에서는 1초까지 정확한 시각을 말하는 거겠지만, 다른 나라에서는 얼마간의 범위를 말하는 것일 수도 있다. 그러니까 아무도 동요하지 않는 것이다. 이제 생각을 바꾸어야 할 사람은 누구인가? 아니, 생각을 바꾸지 않아도 좋지만 자신을 위해서 더 슬기로운 선택은 무엇일까?

내가 오랫동안 여행하며 깨달은 것은, 나의 잣대가 철저히 '근대화' 시대의 잣대란 것이었다. 그 잣대는 인류 역사상 2백~3백 년에 걸쳐 등장한, 또 우리 사회에서 40~50년에 걸쳐 형성된 아주 '짧은 잣대'인 것이다.

『언제나 여행처럼』

이천 몇 년 하는 것은 편의를 위해서 만든 공통의 달력일 뿐이다. 우리의 2019년에는 신용카드 하나로 모든 것을 할 수 있지만 다른 나라에서는 2030년쯤의 일일 수 있다. 반대로 우리가 삼겹살집에서 담배를 피우지 않은 건 불과 몇 년 전 일이다. 하지만 다른 나라에서는 지금의 우리처럼 상상조차 하기 어려운 일이었을 수도 있다. 우리는 왜 일찍 금연하지 못했을까? 흡연 문화가 미개했기 때문일까? 당연히 아니다. 현상마다 지각하는 속도는 차이가 날 수밖에 없다. 이것은 다른 나라, 다른 문화, 다른 관습, 다른 규모의 경제로 가면 더 심화된다.

여행자는 그저 여행자일 뿐이다. 여행자들이 과도한 목적성을 갖거나, 혹은 현실에 대해 목소리를 너무 높이면 '닫힌 마음'이 된다. 그저 겸손하게 '자기가 경험한 만큼' 솔직하게 얘기하는 것이 여행자의 바람직한 태도라고 생각했다.
- 『언제나 여행처럼』

우리 생에서 모두가 인정할 만한 진리란 어쩌면 몇 가지뿐이라는 것을 나는 여행 중에 깨달았다. 내가 당연하다고 여겼던 많은 것이 저 쪽에서는 단지 다름의 문제로 해석해야 하는 경우를 숱하게 만났다. 내게는 불안해보였지만, 그 속에는 그곳만의 질서와 규칙으로 제 기능을 다하는 사회가 형성되어 있었다. 서로의 이해상충을 줄이기 위한 지향점을 제시하는 법과 규범이 존재했다. 새로운 관습이나 규칙 앞에 섰을 때, 그것을 판단하는 것이 아니라 받아들일지 말지를 선택하는 것만이 여행자의 몫인 것이다.

한 사회에서의 정상이 다른 사회에선 극히 비정상이며, 한 사회에서의 보편적인 관습이 다른 사회에서는 터무니없는 것으로 취급되는 것을 수없이 목격했다. 종교적, 정치적 관념뿐만 아니라 행색도 그랬다. 단지 한국인이란 이유로 동남아에서는 대우를 받았지만 서양에서는 동양인이란 이유로 차가운 눈초리를 겪은 경험도 있었다. 똑같은 인간이지만 그들의 관념, 시선에 의해 다른 대접을 받는 것이다. 사람들의 고정 관념, 시각이란 그렇게 터무니없다.

-『언제나 여행처럼』

그러니 너무 쉽게 틀렸다는 말로 비난하지 말라. 다를 뿐이다. 답답하고 용납할 수 없는 순간이 있다면, 바르다고 믿는 선한 가치를 끝까지 지키면 된다. 그것이 자신을 지키는 것이다.

여행할 때는 이런 사람이 되어보자. 명징한 주관을 가지고 있지만 다른 여행자의 생각도 얼마든지 들어줄 수 있는 열린 사람, 비효율적이거나 이해할 수 없는 방식이더라도 함부로 비난하지 않는 사람, 너무 간격이 커서 불편할 때는 슬쩍 한발 물러나는 것으로 의사를 표현하는 사람.

딱 한숨만 들이켜고 나면
무엇과도 누구와도 등질 필요가 없다는 걸 알게 된 게
여행에서 얻은 배움이자 미덕이다.

필요한 만큼만

경영학과를 다니면서 CFP라는 자격증을 취득했습니다. 벌써 10년 전 일이네요. 국제공인재무설계사라고 하는 개인 재무관리에 관한 시험인데, 난이도에 비해 원리는 단순합니다. 1년 뒤에 100만원을 가지고 싶다면, 이자율로 할인해서 오늘 98만원을 저축해야 한다거나, 10년 뒤에 500만원을 가지고 싶다면 지금부터 매년 48만 5천원을 저축해야 한다는 계산을 하는 게 전부죠.

다 아는 이야기라고요? 그럼 묻겠습니다. 당신이 기대수명까지 살기 위해서는 얼마가 더 필요한가요? 그 돈을 마련하기 위해서 몇 년 더 일하면 되나요?

자, 여기까지 수월하게 대답했다면 당신은 행복하게 살겠군요. 돈을 벌어야 하는 이유가 있고, 얼마를 벌어야 하는지 아니까요. 일할 기간까지 정해져 있을 테니 당신은 잘 해낼 겁니다.

물질적으로 잘살아야만 행복하다는 것은 철저히 신자유주의 시대의 이데올로기에 세뇌된 결과이며, 정신적 '트라우마'에 기인한 것이다. 살아가는 방법은 수없이 많고 욕망을 줄이면 길은 자꾸자꾸 트이게 마련이다. 사람은 공장에서 '브랜드'를 붙여서 생산되는 상품이 아니다. 좋은 대학 상표만 붙인다고 인생 게임이 끝나는 것은 아니다. 인생을 길게 보면 푸름 꿈과 열정 그리고 '바른 인성'을 간직한 사람이 결국은 행복한 삶을 산다고 나는 믿고 있다.

－『언제나 여행처럼』

어떤 사람은 계획이 없거나, 남의 계획을 베껴 씁니다. 무엇을 하고 싶어서 돈을 버는 게 아니라 일단 벌고 생각하자는 식이죠. 많으면 많을수록 좋다고 믿으니까, 늦게까지 쉬는 날 없이 일하고 있습니다. 그런데 목적도 없고 기간도 없는 노동은 얼마나 지칠까요? 돈을 많이 벌면서도 행복하지 않다는 말을 들으면, 나는 정말 슬픕니다.

몇 가지 물었습니다. 어떤 집에서 살고 싶냐고, 어떤 차를 타고 싶냐고, 생활비가 얼마 정도면 적당하겠냐고요. 최소한 서른 평 정도 되는 집에서 살고 싶다고 하길래 얼마쯤 하냐고 물었더니 6억인가 7억인가 한다더군요. 그래서 아직 2억짜리 집이 많다고 말해줬어요. 그러면 15년은 덜 일해도 된다고요. 그랬더니 그게 아니래요. 자기가 생각하는 건 7억짜리 서른 평이래요. 그래서 뭐가 다르냐고 물어봤죠. 몇 가지 이유가 있었는데 본인도 잘 모르는 거 같았어요. 그게 뭔지 잘 몰라도

15년이라는 시간의 가치와 15년 동안의 희생을 더한 다음, 15년 동안 미뤘던 행복의 기회비용을 더한 것보다 더 중요한 거냐고 했더니 안색이 안 좋아졌어요.

자동차도 그래요. 5년에 한 번씩은 바꿔야 한대요. 그럴 수 있죠. 그런데 매번 좋아져야 한다길래, 얼마나 좋은 차냐고 물어봤어요. 나이별로 차가 정해져 있더군요. 취업을 하면 소형차, 결혼을 할 때는 무슨 차 이렇게요. 그런데 그 차의 뭐가 좋은지는 모르더라고요. 하루면 끝에서 끝까지 갈 수 있는 작은 나라에서 시속 100km까지 1초 더 빨리 도달하는 게 그렇게 중요한가요. 서울에서 운전을 해보니 낡은 내 차를 맹렬하고 위협적으로 앞질러간 차들이 먼저 신호에 걸려 서있던데 말이에요.

물론 기능적인 면만 따질 수는 없죠. 소유에서 얻는 만족감, 포만감, 성취감 그리고 이왕이면 자신을 표현할 수 있는 예쁜 디자인, 혹시나 부동산 대박이 나한테도 일어나지 않을까 하는 기대감. 이런 것이 우리 삶에 중요합니다.

내가 말하고 싶은 건 남들 따라 취향을 강박하지 말고, 진짜 내게 필요하고 내가 즐길 수 있는 가치를 계획하자는 겁니다. 단 한 번뿐인 내 인생에서 단 하나뿐인 나를 위한 거 말이죠.

현대 사회에서 여행은 예전처럼 우연이 이끌어가는 불확실한 모험의 길이 아니라, 빛나는 이미지, 정교한 지도, 상세한 정보, 기호를 따라가는 '궤도 속'의 질서 있는 행위가 된다. 무엇이 볼만하다고 소문나고 무엇이 먹을 만하다고 알려지면 사람들은 남들처럼 해보고 먹어봐야 한다는 초조함 속에서 부지런히 따라간다. 그리고 남들이 하는 이야기를 자신도 모르게 따라 하게 된다. 이미지가 현실을 규정하고 지배한다. 현실에 대한 인식은 주변 이미지에 의해 만들어지고 있다.

-『도시탐독』

나는 이미 정했어요. 집은 거주 목적 외에는 욕심 부리지 않을 거예요. 집값이 오르면 좋겠지만, 반토막이 나더라도 꿋꿋하게 살려고요. 쫓겨나는 건 아니니까요. 하지만 집은 예쁘게 꾸밀 거예요. 내가 좋아하는 전구색 조명과 멋스러운 커튼이 꼭 필요하고요. 오디오 리모컨이 작동하는 가장 먼 거리에 아주 편한 의자를 둘 거예요. 그 의자 바로 옆에는 간단한 다도판과 작은 책꽂이를 둘 거고요. 침대는 너무 크지 않아야 하고, 손님이 자고 갈 수 있는 작은 공간과 3구짜리 가스레인지가 있는 아담한 주방이면 더 바랄 게 없을 거 같네요.

차는 안전해야 하고 외관이 조금 다쳐도 마음이 쓰리지 않을 정도가 좋아요. 엉뚱한 곳에 주차하더라도 불안하지 않게요. 긴 여행을 나서게 될 때 오래 세워두거나 적당한 가격에 팔아버릴 수 있는 정도면 딱이죠.

간혹 걱정해주는 분들도 있는데, 풍요롭진 않지만 결핍을 느끼지는 않아요. 부자의 마음이 이런 거겠구나, 넘겨 짐작할 때도 있습니다.

동물들은 먹고 먹히는 가운데서도 절제의 미덕이 엿보였다. 강자는 시도 때도 없이 약자를 먹는 것이 아니었다. 동물들은 배부르면 결코 더 이상 먹지 않았고, 자신의 미래와 자손을 위해 먹이를 쌓아 두지도 않았으며, 한 끼의 먹이를 위해 온 힘을 다해 성실하게 노력하되 배부르면 멈추었다. 그들은 무한 경쟁이 아니라 유한 경쟁 속에서 살고 있었다.
인간만이 무한한 욕심을 부리고 있는 것이다. 도대체 인간들은 얼마나 자신의 배를 채워야 만족할까?

- 『나는 늘 아프리카가 그립다』

더 좋고 더 비싼 건 많겠죠. 끝이 없을 겁니다. 하지만 우리가 벌 수 있는 돈은 언젠가 끝이 있고, 시간도 유한하죠. 그러니까 끝날 때까지 끌려가는 게 아니라, 먼저 끝을 정해야 합니다. 그리고 인생을 설계해야겠죠. 그 다음은 계획한 대로 용기 있게 사는 거예요.

당신의 삶과 여행이
남이 그린 밑그림에 맞춰
비슷한 색을 채색하는 것이 아니기를 바랍니다.

덧없는 세상에 그대의 집을 짓지 말라. 마음속에 이것만이 내 세상인, 그 세상을 만들라.

- 『슬픈 인도』

여행, 작가 그리고 문장

감각적 즐거움을 담은 현란한 여행기들이 우후죽순처럼 쏟아져 나오고, 진지하게 깊은 의미를 추구하기보다는 '가볍게 풀어내는' 글들이 환영을 받기 시작했다. 물론 세상에 나온 여행기들이 다 그렇지는 않았지만 예전과는 다른 글들이 당당히 주류를 형성하고 있었다.

-『언제나 여행처럼』

독자로서 바람이 있습니다. 이 책을 기획하게 된 이유이기도 하고요. 누군가 그러더군요. 이제 여행 분야에서는 콘텐트가 가장 중요하다고요. 어떤 여행이냐가, 어떻게 여행을 했냐보다 주목 받을 수 있다고요. 단돈 얼마로 여행을 했다거나, 얼마나 오래 세계를 떠돌았다거나 또는 몇 개국을 다녀왔다는 여행기에 슬슬 물려간다고 합니다.

그런 것들이 당신의 여행을 초라하게 만들지는 않아요! 여행자의 안전과 편의를 지킬 수 있다면 백만 원이나 천만 원이나 여행에 필요한 돈이거든요. 자신이 필요한 만큼 쓰면 되는 거죠. 누구는 한 곳에서 1년을 지내고 누구는 1년 동안 30개의 스탬프를 찍죠. 여행 스타일의 차이일 뿐이에요. 많은 장소가 넓은 세상을 만드는 게 아니라, 여행자의 관찰력과 수용력이 세상을 놓치지 않아야 해요.

> 세상에는 수많은 종류의 여행기가 나오고 있다. 도전, 신나는 사건, 경쾌한 시선, 특별한 소재, 참신한 형식, 문화 탐사…. 나 또한 다양한 분위기의 여행기들을 읽으며 즐기고 있다. 그러나 어떤 기획을 통한 '눈에 띄는' 여행기뿐만이 아니라, 우리의 '삶과 여행' 그 자체가 주제가 되는 '담담한' 여행기도 시장에 존재할 수 있었으면 좋겠다. 삶에서든 여행에서든, 평범함 속에서 작은 진실을 찾는 기쁨을 소중하게 생각하는 나로서는 쉽게 포기할 수 없는 '형식'이다.
>
> －『호찌민과 시클로』

여행은 항상 재미있고 즐거울까요? 힘들고 지치는 사건까지 색다른 경험일까요? 아니에요. 여행은 그냥, 여행은 그냥 아무 일이 일어나지 않아도 괜찮은 평범한 하루예요. 좋을 때 좋고, 짜증날 때 짜증나고, 사랑하는 사람을 만났다가 헤어지고, 속고 다치다가 감동받는 날도 있죠. 그게 다예요. 여행이니까 특별한 사건 같은 건 없어요. 다만 그것을 특별하게 받아들이는 트인 마음이 작동하는 게 여행이죠. 매일 특별한 것은 아니기 때문에, 한 권의 책이 쓰이려면 오랜 여행이 필요한지도 몰라요.

'얼마나 팔렸는가? 혹은 팔릴 것인가?' 그것에만 신경 쓰면 별로 고민할 필요가 없다.
그것을 향해 최대한 노력하면 되니까. 그러나 글을 쓰는 사람들은 대개 자신을 표현하고 싶어서 쓴다. 자신이 겪은 깊은 경험과 사색, 영혼의 떨림을 쓰고 싶어 한다.
그런데 만약 자신의 사적인 경험과 감정이 무대에 올라갈 만큼 보편성을 띠지 못한다면, 여기에서 출판사와 충돌이 일어난다. 그러니까 자신의 얘기를 하되, '돈 내고 사고 싶은 가치'를 지닌 것으로 독자들이 공감할 만해야 별다른 문제없이 책을 낼 수 있다.

　　　　　　－『낯선 여행길에서 우연히 만난다면』

첫 책을 내면서 알게 된 사실이 있어요. 책을 쓰는 것과 출간은 다르다는 거요. 원고는 누구나 쓸 수 있어요. 하지만 책으로 만들어지려면 출판사가 필요해요. 출판사는 기업이고 이윤이 남아야 하죠. 결국 팔릴 만한 책이어야 출간이 될 수 있어요. 책이 팔리려면 책을 살 사람이 있어야 하는데, 아무래도 독자를 자극하는 소재가 좋겠죠. 아니면 저자의 유명세가 잠재 독자를 확보할 수도 있고요. 책은 많이 나오고, 팔릴 수 있는 책은 적어요. 그래서 점점 독특한 콘셉트가 중요해져요. 그런데 독자들은 좋은 책을 만나기가 힘들다고 하고…. 이런 푸념을 종종 들었어요.

그때 좋은 책이 풍년이던 때가 생각났어요. 길 위에서 마주친 여행자에게 정보를 물어가며 여정을 이어가고, SNS에 실시간으로 올리는 사진이나 글이 아니라 여행이 끝날 때까지 묵힌 감동. 저자의 포트폴리오를 위해서가 아니라 독자들의 울림을 생각하며 만들어진 책이 있어요. 그런 책을 쓴 작가들은 여전히 같은 마음으로 여행하고, 같은 정성으로 펜을 잡아요. 저는 이 이야기를 하고 싶습니다.

> 그런데 왜 여행기를 낼까? 물론 베스트셀러를 써서 돈을 벌 수도 있지만 대개 그렇지 않다.
> 사실 어지간하게 팔려도 여행하느라 들어간 돈과 시간에 비하면 늘 손해다.
> 물질적 측면만 계산한다면 책 쓰는 것은 별로 신바람 나는 일이 아니고, 권하고 싶지도 않다.
> 그럼에도 책을 쓰는 이유는 누가 뭐래도 나를 표현하는 즐거움 때문이다.
> 자신의 삶 속에서 건져 올린 경험과 가치관이 투영된 자기만의 작품을 만드는 기쁨이 있다.
> 그렇게 작은 예술가가 되어 열정 속에서 보내는 그 시간들이 너무도 짜릿하다.
> 　　　　　－『낯선 길에서 우연히 만난다면』

저는 이렇게 쓰인 책을 읽으며 여행의 꿈을 키웠고, 마침내 터뜨릴 수 있었어요. 같이 울고 웃으면서요. 함께 쓸쓸해 준 건 가슴에 담아 둔 문장이었어요. 그런 문장을 여러분에게 보내드리고 싶어서 이 글을 쓰고 있습니다.

> 사람들은 '여행 작가'라는 타이틀에서 '여행'의 이미지를 떠올리며 늘 씩씩하게 다니는 모습을 연상할지 모르지만 '작가' 쪽으로 오면 그렇지 않다. 그것은 하루 종일 컴퓨터 앞에서 자판을 두드리는 생활이다. 더구나 집필 기간 동안에는 특별히 신경을 쓰지 않으면 몸 상태가 안 좋아진다.
> －『그때, 타이완을 만났다』

이 책의 주인공은 저도 아니고, 다른 작가도 아닙니다.
이 책의 주인공은 여행을 통해 만들어진 문장,
바로 여행의 목소리입니다.

여행할 때 여행이 하는 말에 귀 기울여 보세요. 당신의 일상에 필요한 이야기가 들릴 거예요. 그 소리가 들린다면 당신이 완벽한 여행을 하고 있다는 증거고요, 드디어 진정한 여행자가 된 거예요. 그 이야기를 일기로 쓰면, 당신은 당신을 위한 작가가 된 거고요.

여행은 자신만의 문장을 쓰는, 인생의 집필이거든요.

독자의 몫

문명 세계에서 온 여행자들은 그들의 입맛에 맞게 준비된 '상품'을 보고, 그 '상품'을 카메라에 담고, 돌아가 신기한 그들만의 독특한 풍습이라고 얘기한다. 자극적이어야 사람들의 관심을 끌기에, 그것이 '상품'이었다는 얘기는 하지 않는다. 원주민들조차 그것을 다 알고 있으므로 사진을 찍을 때마다 돈을 요구하는 것이다. 그것을 본 우리들은 그들이 지금도 그렇게 원시적인 습관과 순수한 마음으로 살아가고 있는 줄로만 착각하고….

- 『나는 늘 아프리카가 그립다』

트라우마로 남은 순간이 있다. 미얀마 껄로에서 인레 호수까지 트레킹을 하면서 카렌족이 사는 마을에 들렀다. 롱넥족이라고도 불리는 그녀들은 목에 수십 개의 링을 할 만큼 목이 길었다. 특이한 목의 정체는 링의 무게를 견디지 못한 어깨뼈가 내려앉았다는 안타까운 전통이다.

다큐멘터리나 여행 사진을 통해서 공개됐기 때문에 그 모습을 쉽게 떠올릴 것이다.

카렌족 마을이 나오자 가이드는 기념품 상점으로 안내했다. 그 상점 앞에는 카렌족 모녀가 사진 찍히기 위해 나란히 앉아 있었다. 얼마쯤 돈을 내면 카메라를 들어도 된다. 일행 중 누군가 돈을 냈고 생각할 겨를도 없이 사진을 찍고 찍히게 됐다. 다시 시작된 걸음에서 많은 생각이 들었다.

돈과 초상권의 합의된 교환인데 왜 마음이 이렇게 먹먹할까. 잠깐 머무는 여행자가 그것은 인격적으로 어긋나지 않냐고 말하는 것 역시, 그들의 삶이 어떨 것이라는 편견을 드러내는 무책임한 일이지 않을까. 혹시 터무니없이 적은 그 모델료가 모녀에게 큰 수입이 된다면, 나는 내 욕심으로 그들의 밥그릇을 빼앗는 것이다. 길이 끝날 때까지 나는 어떤 결론도 내릴 수 없었다.

한국으로 돌아온 뒤로 같은 카렌족 여성의 사진이 종종 보였다. 찍는 사람의 스타일에 따라 구도는 달랐지만, 사진을 오래 볼 수 없었다. 셔터를 누르는 이의 떨리는 손이 아니라 돈을 건네는 손이 보이는 거 같았기 때문이다. 그렇게 사진을 찍는 것이 나쁘다는 건 아니지만 내가 충격을 받은 건 그 사진을 설명하는 글이었다. 문명과 동떨어져 사는 소수 민족을 운 좋게 발견했다고 하거나, 이들의 사정을 동정하며 자신의 인간미를 내세우려는 의도가 밉게 보였다.

인정받고 싶은 욕망으로 한 일이겠지만, 다른 사람에게 인정받는다고 해도 스스로에게 인정받지는 못할 것이다. 무엇인가를 창작하는 사람은 자신의 세계를 먼저 지어야 한다. 그 속에서 자신의 꼼꼼한 검수를 거친 다음 밖으로 꺼내야 하는 것이다.

관람자의 몫으로 남겨야 하는 해석이 있고, 독자의 몫으로 남겨야 하는 감정이 있듯이, 그것이 얼마나 인정받고 말고 하는 것은 창작자 손 밖의 일로 남길 수 있어야 한다.

낯선 길에 선 자에게

지금 배낭을 꾸리고 있을, 공항에서 작별 인사를 하고 있을,
낯선 길 위에서 자신을 지켜내고 있을 모든 여행자를 응원합니다.

당신이 여행을 결심한 순간이
좋은 것에서 왔는지 반대인지 알 수 없지만
여행을 하며 모든 것이 나아지기를 바랍니다.

여행은 예상할 수 없는 일이 일어나고
우리는 무방비 상태이지만
무릎 꿇지 않고 성큼 걸음 떼리라고 믿습니다.

여행이 당신을 자유롭게 한 것이 아니라
당신의 용기가 문을 연 것입니다.

반성해야 할 일이 많이 떠오르더라도
그 끝에 자신을 칭찬하는 것을 절대 잊지 마세요.

모든 걸 훌훌 털고 떠나는 여행자는 이제 그 속에 자신을 던지며 무한한 자유를 맛본다. 그것은 떠나는 자만이 누릴 수 있는 하늘의 축복일 것이다. 높이 나는 새가 멀리 본다고 하지만 보고 싶은 의지가 있는 새만이 높이 날 수 있다.
ㅡ『낯선 여행길에서 우연히 만난다면』

멀뚱멀뚱한 여행자를 세워두고 자기들만의 언어로 큰 소리를 낸다면 덜컥 겁이 나겠지만, 먼저 의심하지는 마세요. 언제나 불안이라는 녀석이 참을성 없이 먼저 티를 내거든요. 조심스러우면서 씩씩한 여행을 하는 당신을 생각하며 내 가슴도 뜁니다. 멀리서 마음을 보낼 테니 의지할 사람이 필요하다면 저를 떠올리세요. 저는 항상 낯선 길 위에 서있을 여행자를 응원하고 있습니다. 여행에서 돌아와 당신이 얻은 것을 가까운 사람에게 나눠 주세요. 자랑이나 허세가 아니라 묵묵하게 일깨워 주는 거 있잖아요. 당신의 달라진 모습을 먼저 알 수 있도록 말이에요.

긴 여행길에서 돌아온 여행자의 가슴에는 진한 나이테가 하나 둘러지고 얼굴에는 삶의 비밀을 알아낸 현자의 기운이 서리며 눈은 보석처럼 반짝인다.
ㅡ『낯선 여행길에서 우연히 만난다면』

다시 시작해야 하는 현실은 바뀐 게 없을 거예요. 그대로거나 더 나빠진 것도 있겠죠. 버거울 수도 있겠지만, 당신은 잘 해낼 수 있는 사람이 되어 돌아왔다고 믿습니다. 당신의 주변에 생기가 돌기 시작했다는 걸 알아차리면 좋겠습니다. 그대는 마땅히 행복해야 하는 사람이라는 걸 알아야 하니까요.

아름다움을 느끼는 예민한 안테나만 있다면 하루가 행복하고 한 달이 행복하며 평생이 행복해진다.
- 『낯선 여행길에서 우연히 만난다면』

여행이 최고라고 말할 필요는 없습니다. 더 사랑할 수 있는 것을 찾았다면 축복입니다. 여행을 자주 해야겠다고 하지 않아도 됩니다. 여행이 별거 없다는 걸 알게 되는 것도 소득입니다. 이제 여행은 충분히 했다고 생각하는 것도 깨달음입니다.

여행 후에 여행에 관한 모든 것은 아무것도 아닙니다.
지금 하고 있는 여행에 집중하고 잘 마치는 것
여행자가 생각해야 할 건 이것뿐입니다.

여행자인 당신을 위해 매일 밤 기도하며, 축복합니다.

2부

사랑

사랑

손편지를 썼다. 악필인 데다 세 장이나 썼으니, 설익은 냄새가 풀풀 났을 것이다. 2017년 8월, 그가 최근에 다녀온 부탄 이야기를 나누던 한 책방에서 어색한 인사 끝에 편지를 건넨 게 제대로 된 첫 만남이었다. 여행분야에서 누구보다 활발하게 활동하는 그는, 뒷방에서 자신과 씨름하는 신인 작가(라고 할 수도 없지만)에게는 큰 존재였다. 최갑수 작가다. 훗날 그는 여행작가가 얼마나 잘할 수 있는지, 자신이 앞서간 여러 갈래 길을 보며 후배들이 지치지 않고 희망을 가지기를 바란다고 말했다.

그런 그의 바람 앞에서 부끄러운 질문을 꺼냈다. 여행이 일이 되면 여행을 즐길 수 있느냐고, 오로지 자신만의 여행이 그립지 않느냐고 물었다. 작가는 뭐라고 대답했을까? 그의 대답이 정확하게 기억나지 않는다. 함께 소주를 몇 병쯤 마셨고, 나는 여전히 그 앞에서 긴장했기 때문이다. 하지만 이제는 알 거 같다. 우문에 대한 현답은 사랑이다.

인도 라다크를 여행할 때 있었던 일이다. 델리에서 우연히 알게 된 신문사 기자와 동행하게 됐다. 나보다 스물다섯 살 정도 많은 그는, 나보다 훨씬 체력이 좋았고 호기심은 압도적이었다. 순전히 개인 여행으로 만난 우리는 자연스럽게 친해졌다. 어느 날 레 펠리스에 함께 올랐다. 척박한 히말라야 땅을 내려다보며 그가 내게 물었다.

"상건 씨, 인생에서 가장 행복한 여행이 뭔지 알아요?"

미국을 횡단하는 자동차여행? 실크로드를 따라 가는 배낭여행? 사랑하는 사람과 몰디브에서 보내는 한 달? 나는 아무 대답도 하지 못했다. 그러자 그가 답을 일러줬다.

"세상에서 가장 아름다운 여행은 자식을 키우는 거예요. 상건 씨도 그 여행을 꼭 해보세요."

모든 것을 내팽개치고 나선 여행이었기에, 그때는 그 의미를 공감하지 못했다. 하지만 친구들이 하나둘 아이를 낳고, 최근에는 중, 고등학생 자녀를 애지중지 키우는 학부모를 여럿 만나게 되면서 이제야 그의 말이 십분 공감된다.

최갑수 작가는 이미 가장 행복한 여행 중인 것이다. 나는 가족이란 여행을 짐작조차 할 수 없었으므로, 그의 글을 이해하는 데 오래 걸렸다. 그의 책을 다시 읽으며 새로운 것을 본다. 사랑에 관한 시적 표현이 두드러지는 것도 아이들에게 행복에 대해서 읊조리는 것도 아이들이 살아야 할 세상에 대해서 경각심을 표현하는 것도 모두 그만 아는 여행에서 온 것이리라.

『우리는 사랑 아니면 여행이겠지』라는 제목의 그의 책처럼, 우리가 최선을 다해서 할 수 있는 건 정말로 사랑 아니면 여행뿐 아닌가.

이제 당신도 미루지 말고 사랑하거나 여행해야 한다.

당신을 위한 전염, 음유

'음유' 참 예쁜 단어. 생김은 안정적이고 발음도 얌전하다. 뜻을 설명하려면 무엇인가 모락모락 떠오르지만 끝내 잘 알 수 없고 자주 쓸 일 없는 단어로 남고 만다. 그만큼 어려운 단어다.

최갑수 작가는 방랑을 음유한다. 시로, 노래로, 사진으로, 단어로, 문장으로 속삭인다. 그럴 때면 반지하에도 해가 들고 옥탑방에도 파도소리가 일었다. 벽마다 난 창문으로 송진 향기 실은 해풍이 불어오곤 했다. 왠지 모를 떨림, 그는 행간 사이에 은밀하게 여행을 숨겨 놓았다.

여기는 방콕의 게스트하우스. 책장을 빽빽이 메운 책 가운데 한글로 된 책이 딱 한 권 보인다. 꺼내 펼치자 첫 장에 이런 글귀가 빼곡하다.

'자유롭게 보시고 여행자들의 손에서 손으로 건네지길 바랍니다.'
'생각과 편견을 바꾸어 준 책, 이 곳에 두고 갑니다.'

'당신의 여행에 조그마한 위안이 되길….'
'좋은 책, 좋은 시간들. 나는 가진 것이 많았고,
더 갖기 위한 욕심이 날 덜 행복하게 한다는 사실을 알게 되었다.'
'처음 그분의 바람을 지키기 위해 이곳에 놓고 갑니다.'

제목은 『목요일의 루앙프라방』. 지금은 『행복이 오지 않으면 만나러 가야지』로 개정판이 출간된 최갑수 작가의 저서다.

이 책을 읽은 독자는 작가의 바람대로 길 위에서 발견한 행복에 대해서 자신만의 목소리를 내기 시작했고, 다른 사람에게 자신의 이야기를 들려주려 한다. 황홀하고 짜릿한 전염의 증세다. 저 짧은 글귀를 쓴 독자들은, 여행이 아니었다면 작가의 문장이 아니었다면 과연 저런 말을 남길 수 있었을까. 한 권의 책을 읽고 그 감상을 한 문장으로 응축할 때의 감동. 얼굴도 알지 못하는 다음 사람을 위해서 펜을 들 때의 복받쳐 오름. 이런 것을 짐작할 수 있는 사람이라면, 앞선 여행자들이 마침내 자신의 삶에 자신만의 음표를 붙이고 노랫말을 입히기 시작했다는 것 또한 알아차렸을 것이다.

우리는 생수를 머금듯 시를 입안에 넣고 오물거렸다.
─『잘 지내나요 내 인생』

당신의 여행에 이런 전염이 전해진다면, 그것이 불치병이기를 바라게 되지 않을까. 동시에 마음을 강건하게 하는 항체가 되어 표독한 일상에서 지치지 않기를.

이틀 동안 그 여관방에서 '밀물 여인숙'이라는 연작시 3편을 만들었고 얼마 뒤 그 시로 등단이라는 걸 하게 되었다.

지금 생각하면 그 시절 그 장면들, 그 시들은 완벽한 신파다. 하지만 그때는 정말이지 사랑이라는 걸 하고 싶었다. 아무나 붙잡고 나랑 사랑하자고 말하고 싶었다. 외로웠고, 외로웠고 또 외로운 그런 날들이 있는 것이다. 이유 따위는 묻지 말기를. 우리를 외롭게 하는 일은 널려 있고, 우리가 사랑해야 하는 이유는 넘쳐나니까. 그리고 나는 스물다섯 살이었고 시를 쓰고 싶었고 게다가, 게다가 봄날이었으니까.

— 『위로였으면 좋겠다』

그가 시인으로 등단했다는 사실은 한참 뒤에 알았다. 하지만 나는 그가 퍼뜨린 음유를 길 위에서 직접 체험했으므로, 내가 알아차린 것을 그의 이력으로 한 번 더 확인한 것뿐이다.

최갑수 작가가 퍼뜨린 음유를 찾아
그의 책을 배낭에 넣고 여행을 시작하자.
책을 읽고, 자신과 다음 사람을 위한 한 줄짜리 시를 쓰자.
여행이 뭐라고 속삭일지 궁금하지 않은가.
당신이 얼마나 멋진 여행 중인지 스스로 알게 될 것이다.

여관

그 많던 여관은 어디로 갔을까. 그득그득 채워지던 모텔의 빈방을 먼저 차지하려던 청춘은 이제 호텔로 방향을 바꾼 건지, 더 이상 화약 같은 사랑을 좇지 않는 건지. 카페나 술집의 화려한 간판에 밀려난 여관 간판은 일탈을 감행하는 이에게만 입체감을 드러낸다.

몇 해 전 묵었던 영등포 역전의 여인숙, 낡고 낡아 발로 툭 건들면 무너질 거 같던 작은 방. 옅은 음성의 아주머니를 깨워 방을 달라던 나는, 여전히 가끔 낯선 사람이 봐준 이부자리가 그립다.

여관은 빈 배처럼 울렁이며 어둠 속에 떠 있다.
내 영혼이 삼만 원을 지불하고 잠시 쉬었던,
수색 어디쯤의 흘러든 여관.
여관 속으로 걸어가는 이 또 있다.
　　　　　　　　　　-『당분간은 나를 위해서만』

최신식이라거나, 컴퓨터가 몇 대, 적립 가능 같은 건 중요하지 않다. 늦잠 자도 돼요? 근처에 짬뽕에 탕수육 잘하는 집 있어요? 편의점 가까워요? 메이저리그 중계는 잡히고요? 그리고 가장 중요한, 조오오오용한 방 주세요.

여행을 떠나왔다는 느낌이 비로소 들 때는
호텔에 들어가 TV를 켰을 때,
알아들을 수 없는 말들이 흘러나와
방 안에 가득 찰 때다.

- 『위로였으면 좋겠다』

아무 데서나 잘 먹고 아무 데서나 잘 자지만, 오래 머물 장소라면 먹는 것보다 숙소가 중요하다. 어차피 먹는 것도, 쉬는 것도, 정보를 얻거나 떠날 준비를 하는 것도 모두 숙소에서 일어나는 일이니까.

마음에 드는 도시가 생기면 아무 곳에나 짐을 풀고 하루 치만 돈을 낸다. 그리고 첫날은 온통 괜찮은 숙소를 찾는 데 바친다. 내가 바란 낯섦이 있는, 그런 곳을 찾아내는 게 기준이자 비결이랄까. 대개 서른 곳 정도 둘러본다. 마음에 드는 숙소를 찾았다면 적어도 일주일 치 숙비를 흥정한다.

호찌민에 한 곳, 훈자에 한 곳, 빠이에 한 곳, 카오산로드에 두 곳, 찬타부리에 한 곳, 서더스트리트에 한 곳, 빠하르간지에 한 곳, 바라나시에 한 곳, 울릉도에 한 곳. 이렇게 적을 두고 돌아오면 다음 발걸음은 귀향하는 기분이다.

우리를 정말로 위로해 주는 것은 덜컹거리는 기차간의 시큼한 시트 냄새이거나, '빈 방 있음. TV 욕실 완비. 깨끗함'이라고 적힌 모텔의 허름한 방일지도 몰라.
  　　　　　　　　　　　－『당분간은 나를 위해서만』

이제는 숙박시설을 구분할 수 있는 경험이 생겼다. 창이 바깥을 가리려고 애썼다면 모텔, 커튼 뒤로 통창이 숨어 있다면 호텔. 예약이 차면 잘 수 없는 게 게스트하우스, 바닥에 침낭을 무작정 깔고 누운 다음 여기서 자겠다고 우겨서 하루 버틸 수 있으면 도미토리.

센치해지고 싶은 날이면
옛날 통닭에 막걸리를 세 병쯤 사서
집 근처 모텔에서 영화를 한 편 보며 제대로 취해보자.

미친 짓이라고 생각할지도 모르지만 우리가 여행에서 매일 하는 바로 그 짓이며, 더군다나 '최신영화 무료', '음료, 팝콘 공짜', '무한 대실' 같은 미친 서비스는 세상 어디에도 없을걸.

여관에서 하룻밤을 보내고 문을 나설 때,
찬란한 햇빛이 이마 위로 쏟아질 때면
인생을 사랑하는 재능은
누구나 갖고 있다고 느낀다.
　　　　　　　　　　　－『잘 지내나요 내 인생』

5년 만의 2차

우리는 5년 동안 두 번, 같은 지인의 소개로 만났지. 인품과 대강의 분위기 정도는 기억하고 있었던 거야. 두 번째 만난 날도 술을 마셨고, 우리는 그날을 5년 만의 2차라고 불렀지. 3차는 바로 다음 날이었으니까 이번에는 다시 보는 데 하루밖에 걸리지 않았어. 당신이 좋아하는 영화를 예매했지만 만나자마자 티켓을 환불하고 술을 마셨지.

당신의 우울과 내 슬픔이
당신의 언어와 내 몸짓이
당신이 가보지 못한 곳과 내가 떠나온 곳이
당신의 차가운 몸과 내 뜨거운 몸이
당신의 사랑해와 나의 사랑해가
완벽하게 겹쳤던 그 밤

-『우리는 사랑 아니면 여행이겠지』

서로에게 잘 어울리는 쪽으로 지내온 거라고 생각했어. 당신이 하는 모든 말은 선명했고, 무엇보다 당신 얼굴에서 눈을 뗄 수가 없었거든. 그런데 성큼 가까워지자 욕심을 내버렸어. 나는 절제하면서 당신의 표현은 헤프기를 바랐던 거야. 내가 더 좋은 사람이 되어주겠다고 다짐하면서도 나의 결핍을 네가 채워줄 수 있을지 슬쩍 기대하고 만 거야.

서로를 이해하지 않아도 될 것 같아요. 서로의 말은 빗나가지만, 충분히 즐거울 수 있을 것 같아요. 서로의 마음은 다 보여주지 못하지만 충분히 사랑할 수 있을 것 같아요.
― 『우리는 사랑 아니면 여행이겠지』

사랑은 완성이 중요한 게 아닌데. 사랑 받고 싶다면 사랑하는 수밖에 없는 것인데. 사랑이란 좋고, 좋은 것만 모으는 게 아니라 애잔하고 헐겁고 벅찬 모든 것이 사랑이라는 이름으로 차츰 나아지는 순례인데. 사랑은 완성이 아니라 순례! 이렇게 쉬운 맹점을 놓쳤던 거야.

우리는 이미 알고 있다. 우리의 기대와는 달리 사랑은 어렵고 힘겹고 눈물겹고, 때로는 구차하고, 때로는 비겁하다는 사실을. 사랑이 이러한 이유는 사랑이라는 말 속에 이별이라는 말이 녹아있기 때문임을.
― 『잘 지내나요 내 인생』

우리는 연인은 아니었지만 연인만이 가꿀 수 있는 특별한 시간을 짧게 지냈고 어느 날 모든 건 사라졌어. 너에게 섭섭한 게 있었던 거 같은데 지금은 기억이 안 나. 다만 가끔 우리가 한, 단 한 번의 포옹을 생각해. 서로의 허리를 감싸던 아주 느리고 조심스럽던 손길만큼 잊는 데도 오래 걸렸어.

네 덕분에 좋아하게 된 매운 라면을 끓일 때면 정성스럽게 물을 계량하고 노른자가 냄비 바닥에 붙거나 풀리지 않게 국자에 얹어 익혔어. 그런데 몇 번을 다시 끓여도 내가 알던 맛이 아니더라. 내가 좋아한 건 라면의 맛이 아니라, 이 라면에 대해서 이야기하던 너였나 봐.

너와의 일들은 점점 까마득해져 가는데 내 마음은 한동안 더 선명해졌어. 지나서야 이해되고 알게 되는 그런 일 있잖아. 이별에서 얻는 보상이라고 생각해. 늦게라도 까닭을 알려주는 거잖아.

> 떠나간 것은 기다리지 않아야 하고
> 운명은 강처럼 흘러가며
> 사랑은 생의 유일한 약점이라는 것
> 사막을 등지고 집으로 들어온 낙타처럼
> 생을 등지고서야 비로소 생을 안을 수 있다는 것
> 　　　　　－『우리는 사랑 아니면 여행이겠지』

이제 다시는 5년 만의 2차 같은 건 없겠지. 내가 그때 너라는 행운을 잡지 못한 건 준비가 안 되어 있어서였어. 외로움이 두 뺨을 간질이면

홀에서 짝이 되는 게 좋겠다고, 쿵쾅의 불꽃을 집어삼키다가도, 불쏘시개가 되는 정도에서 사그라지는 걸 선택하던 때였거든. 그런데 갑자기 내 마음을 홀랑 가져가버린 너의 등장에 당황한 나머지, 어설픈 욕심을 내버린 거 같아.

네가 그렇게 아름답고 화려할 줄이야.
우리의 5년은 서로 달랐나 봐.

잡아야 하는 사랑이 있다면 놓아주어야 하는 사랑도 있는 법. 어디선가 날아온 은행잎 하나가 발치에 떨어진다네.
그때 그 시절은 지금쯤 어디에서 당나귀처럼 새파랗게 웃고 계시는지….
문득 맨발로 해변을 걸어본 기억이 까마득하다네.
　　　- 『내가 나를 사랑하는 일 당신이 당신을 사랑하는 일』

웁시다

"울지 마. 괜찮아, 울지 마."
"아무것도 모르면서 뭐가 괜찮고 뭐가 울지 마라야."
"왜 그래. 왜 자꾸 울어. 걱정돼서 그래."
"우는 게 뭐 어때서. 그냥 울고 싶은 게 뭐 어때서."

이제 알겠어. 너는 내가 알 수 없는 깊음을 가졌었구나. 내가 하려고 한 위로는 사실 울 줄도 모르는 내가 받아야 하는 것이었어. 너 많이 답답했겠다.

'문득' 울고 싶어지는 게 인생이다. 하지만 우리가 울 만한 장소는 마땅치 않고, 되도록 울지 않는 것이 성숙한 어른이라고 생각하기에, 억지로 울음을 참아야 하는 때가 많다.
　　　　　　　　　　－『우리는 사랑 아니면 여행이겠지』

네가 진정으로 원했던 건 어떤 영화나 소설의 눈물 포인트가
어땠다느니 하는 감상을 나누는 게 아니라, 왜 우리는 울거나
먹먹해져야 비로소 어떤 혼란스러움에서 벗어날 수 있는지를
알아주는 사람이었다.

우세요. 실컷 우세요.
우는 게 부질없으면 인생도 부질없어요.
우리가 인간으로 태어나서 가장 인간답게 사는 순간은
눈물을 흘리는 그 순간이거든요.
울다 보면 당신 안의 짐승이 달아날 거예요.
　　　　　　　　-『행복이 오지 않으면 만나러 가야지』

너무 아픈 사랑은 사랑이 아니었다는 김광석의 노래처럼
너무 슬프면 눈물이 마르고 너무 아프면 안색은 영롱하다.

그리고
마침내
진짜 잊었을 때는
잊었는지조차 몰라서
잊었다고 말하지도 잊은 티를 내지도 않는
바로 그런 걸 두고 현실이라고 한다.

당신은 먼 길을 달려 바다까지 왔으니까.
지금까지 그럭저럭 살아 냈으니까.
적어도 당신에게는 최선을 다했으니까.
꽁치 살을 바르며 이렇게 생각하자.
떠나간 사랑을 그리워하며
꽁치를 구워 먹을 수도 있는 것.
그게 우리 삶의 리얼리티라고.
맹목적이고 본능적이고 속물적인 것.
그게 삶이라고….

       -『잘 지내나요 내 인생』

지긋지긋한 잔소리

지겨운 잔소리 몇 가지 할게요.

내가 바뀌면 세상이 바뀐다는 뻔한 이야기 먼저.
비슷한 표현으로 한 사람이 곧 하나의 우주라고 하죠.

짜증 날 만큼 재미없는 소리지만
얼마나 무서운 말이라고요.

안쪽을 잘 운영하지 못하면 바깥은 무의미해요.
소름 끼치지 않아요?

미슐랭가이드에서 별 3개를 받은 스테이크라도 직장에서 신나게 깨졌다면 그게 다 무슨 소용이에요. 오돌오돌 떨리고 고산병에 머리가죽이 벗겨지는 거 같아도 왜 히말라야에 다시 간다는 걸까요. 5부 다이아

몬드 반지보다 종로 3가 금은방거리에서 맞춘 12만 원짜리 실반지를 더 아끼는 건 왜 일까요.

> 지금 이 순간, 아이에게 말해주고 싶다.
> "애야, 행복이라는 건 인간의 수만큼 많단다.
> 다른 이의 행복을 부러워하지 말거라.
> 너에게는 네게 꼭 맞는 행복이 있을 테니까."
> ― 『우리는 사랑 아니면 여행이겠지』

뻔한 잔소리 하나 더.

좋은 것도 나쁜 것도, 처음부터 내 안에 있던 거예요.

불평, 불만으로 하루를 보내는 사람을 종종 봐요. 씻지 않은 손으로 음식을 날라주는 더러운 놈이라고 욕해요. 못살면 돈 벌 생각을 해야지 낮잠이나 자고 있다고 혀를 차죠. 이렇게 냄새 나는 과일을 어떻게 먹냐고 불평하고 왜 정찰제를 안 하느냐, 이 나라 정부는 도대체 뭘 하는 거야, 불평하러 여행 온 거 같아요.

어떤 일로 화가 나면 쌍심지를 켜기 전에, 먼저 자신을 살펴보세요. 왜 그렇게 바라보고 있는지, 그런 기준은 어디에서 왔고 언제부터 생겨난 건지.

대만을 한 번 다녀온 사람이 날씨를 원망하더라고요. 6월에는 너무 덥고 습하니까 절대 가지 말라고, 공항 밖으로 나가자마자 땀이 줄줄 흘러서 기분 나쁠 거라고 하더군요.

당신 스스로 덥고 습한 대만을 선택한 거 아닌가요? 당신은 왜 내가 당신과 같을 거라고 생각하는 거죠? 당신이 견딜 수 있을 만큼만 더웠어야 하는데, 그게 아니니까 누구라도 탓해야 했나요.

만약에 당신이….
"어우 말도 마세요. 대만은 예상보다 더 덥더라고요. 제가 습도에 약해요. 땀이 나면서 예민해지더라고요. 그래서 일행에게 미안했어요." 라고 말했다면 얼마나 근사하게 보였을까요.
그건 당신의 약점을 이야기하는 게 아니라 오히려 그 반대. 여행으로 새로운 자신의 모습을 발견했고, 그것을 인정했고, 결국 확장되었다는 이야기거든요. 당신이 삶을 대하는 태도가 안쪽을 먼저 살피는 거라면, 당신과 다른 면이 있는 나도 잘 안아주겠군요. 나에 대해서 함부로 이야기하고 다니지 않을 거고요.

이런 남자를 만나세요. 점점 줄어드는 북극곰의 개체 수를 소리 높여 걱정하기보다는 피곤한 당신에게 가만히 어깨를 빌려주는 사람, 당신이 좋아하는 샐러드 소스 정도는 알고 있는 남자. 그런 남자라면 점점 더워지는 지구에 대해서도 분명 걱정하고 있을 것이고 그런 남자라면 당신과의 말다툼

뒤에도 자신의 잘못을 흔쾌히 인정하고 당신을 더욱 사랑할
테니까.

　　　　－『우리는 사랑 아니면 여행이겠지』

마지막으로 지긋지긋한 이야기 하나 더 한다면 우리 스스로 먼저, 괜찮은 사람이 되어야 한다는 거예요. 그러면 다른 괜찮은 사람이 그들의 곁을 당신에게 내어주고, 당신 곁도 괜찮은 사람으로 채워져요. 괜찮은 사람이란 스스로 가치를 높이고 지킬 줄 아는 사람이라고 생각해요.

유니클로냐 아르마니냐가 문제가 아닌 거죠. 이 재킷이 내게 어울리느냐. 이 셔츠의 스타일이 나를 이야기해 줄 수 있느냐 하는 게 중요한 거지. 이 바다를 35밀리미터 렌즈로 찍었느냐, 200밀리미터 렌즈로 찍었느냐가 아니라, 쓸쓸한 바다를 찍었느냐 찬란한 바다를 찍었느냐인데, 결국 우리 머리와 가슴속에 남는 건 렌즈가 아니라 바다니까요. 그러니까 취향과 식견, 시선인 거예요. 사람은 그게 다예요. 예술에 대한 취향과 세상에 대한 식견, 삶을 바라보는 시선. 이것이 나를 존중 받게 만들어줘요.

　　　　－『우리는 사랑 아니면 여행이겠지』

나는 이런 사람한테 매력을 느껴요. 야당이냐 여당이니 하는 것보다 정책마다 주견을 가진 사람, 불륜을 저지른 할리우드 스타보다 그가

연기한 작품 이야기를 나눌 수 있는 사람, 세대 갈등에 핏대 세우기보다 선대에서 만들어 준 걸 감사하게 여기고, 아이와 청소년에게 조금 더 나은 세상을 만들어 주려는 사람.

이런 말을 하는 나도 결국, 나만의 편견과 선입견을 고백하는 잔소리꾼일 뿐이지요.

하지만 사람으로 태어나서
아무 생각 없이 살거나
외침 없이 살 수는 없는 거잖아요.

뭐, 하고 싶은 말은, 나를 포함해서 제발 서른 넘은 인간들이여. 벤츠도 좋고 아이팟도 좋고 아르마니도 좋고 루이뷔통도 좋다. 그런 거에 열광한다고 아무도 당신을 비난하지 않는다. 우리는 어차피 속물이니까. 그래도 이 세계를 조금 더 평화롭고 유쾌하게 만들 이데올로기 하나쯤은 가지고 살자. 그리고 그 이데올로기를 지키기 위해 하루에 1분 정도는 고민하자.

-『잘 지내나요 내 인생』

일상과 삶의 차이

직장은 일상을 위해서, 직업은 삶을 위해서.

오늘 아침 출근길, 일산에서 마포까지 40km가 채 되지 않는 거리를 한 시간 반이나 달려오면서, '도대체 내 인생의 얼마나 많은 시간을 이 따위 길에서 낭비해야 할까' 하는 생각이 들었다.
갑자기 목이 뻣뻣해지면서 삶이 피곤해지는 거였다.
— 『당분간은 나를 위해서만』

지식은 일상을 위해서, 지혜는 삶을 위해서.

언젠가 네가 말했지.
"매일 똑같은 증명사진을 찍으며 살아가고 있는 것 같아. 웃는 법을 잊어버렸어. 머릿속은 텅 비었어. 고개를 흔들면 빈

깡통 소리가 나. 무언가 채워 넣어야 하는데 그게 뭔지를 모르겠어."

-『당분간은 나를 위해서만』

일상을 위해서는 이타적으로, 삶을 위해서는 적당히 이기적으로.

당분간은 나를 위해서만 살아보자.
오직 나 자신을 위해서만 삶을 낭비해 보자.

-『당분간은 나를 위해서만』

그리고 가장 중요한 건
일상에서는 휴가가 필수이듯
삶에서는 휴식이 결코 빠져서는 안 된다는 것.

가끔 사람들에게 이야기한다. 자기가 사는 세상이 어떤 곳인지 알고 싶다면 쉬어보라고. 내가 이 세상의 '리얼'을 경험한 때는 일하고 있을 때가 아니라, 쉴 때였다.

어쨌든 나는, 나는, 쉬고 놀 때, 세계를 만졌고 보았다. 그리고 내가 '쉬는 시간'에 세계는 실재하고 있었다.

-『우리는 사랑 아니면 여행이겠지』

어쩌면 이제는 아무것도 하지 않는 것조차 용기가 필요한 세상이 되어버렸지만, 사색하지 않는다면 인간만이 가진 재능을 낭비하는 것이고, 인간만이 누릴 수 있는 충만한 행복을 포기하는 것이다.

아침에 눈을 떴을 때
스스로에게 다짐하는 건
'잘해 보자', '열심히 해 보자'
이런 게 아니라
조금만 너그러워지자.

— 『잘 지내나요 내 인생』

일상을 풍요롭게 하는 건 치열하고 복잡할 수도 있지만
삶을 풍성하게 하는 건 의외로 단순할지도 모른다.

끝까지 하고 싶은 일이 하나쯤 있고
한 해 한 해 쌓인 경험이 지혜가 되어 평온해지며
스스로를 먼저 돌볼 수 있는 약간의 이기심과
세상을 사색할 수 있는 간헐적인 휴식.

이 정도면 되는 거 아닐까.

피사체

어느 날 오픈 박람회에서 있었던 일이다. 아프리카 여인의 커피 세리머니가 시작되자 수십 대의 카메라가 찰칵거렸다. 같은 장면에 수십 번씩 눌러대는, 더 빨리 달리기 위해서 액셀을 밟고 또 밟는 그런 시합 같은 촬영이었다. 여인의 세리머니가 담고 있는 의미는 아무도 신경쓰지 않는 거 같았다.

그들은 피사체를 채집했다. 일방적이고 기계적으로 메모리카드에 쓸어 담았다. 그날 저녁, 포토샵과 마우스와 키보드로 박제된 사진이 SNS에 전시됐다. 그럴듯한 감상까지 곁들였다. 다만 거푸집으로 찍어 낸 것처럼 비슷한 사진과 글이었다. 곤충채집처럼 수집한 사진에 감동이 있을 수가 있을까. 여인의 세리머니를 마음에 먼저 담을 수는 없었을까. 씁쓸했다.

파인더에 눈을 대고 그들을 바라보고 있노라면 나와 그들 사이에 존재하는 무수한 빛과 공기의 떨림, 그리고 뭐라 표현할 수 없는 진한 감동이 전해져 왔다. 그것은 생에 대한 진심 어린 잠언이었으므로 나는 그것을 옮겨 적기 위해 떨리는 손 끝으로 셔터를 눌러야 했다.

-『행복이 오지 않으면 만나러 가야지』

사진은 철저하게 표면을 담을 수밖에 없지만, 그 너머의 이야기를 전해 주는 게 사진가의 일 아닐까. 사진가는 피사체가 하려는 이야기가 무엇인지 알아채고, 자신만의 세계를 통해 해석해야 한다. 일단 찍은 다음에 어울릴만한 서사를 억지로 만드는 것이 아니라.

2년 동안 카메라 없는 여행을 했다. 새롭게 알게 된 건 사진을 찍고 싶은 순간보다 습관적으로 찍은 순간이 훨씬 많았다는 사실이다. 또 찍고 싶은 것을 찍지 못했을 때의 아쉬움도 느꼈다. 내 시선이 세상을 어떻게 쓰다듬는지 알아가는 중이다.

다시 카메라를 든다면 평범하고 인기 없는 사진을 잔뜩 찍겠지만, 피사체와 교감한 순간에만 셔터를 누를 것이다. 그 어떤 피사체에게도 미안함이 들지 않도록, 그리고 누군가를 감동시켜야 한다는 강박은 저 멀리 버리고, 한 번의 찰칵임이 한 번의 특별한 순간이 될 수 있게.

나는 주로 혼자서 여행을 한다. 그러다 보니 자꾸만 쓸쓸한 것들, 슬프고 외로운 것들, 혼자 남겨진 것들, 하찮은 것들, 평범한 것들, 숨어 있는 것들에게 눈길이 간다. 그런 것들을 잘 찍는 방법은 단 하나. 가까이 다가가서 허리를 굽히고 고개를 숙이는 수밖에 없다. 내가 만약 망원렌즈나 줌렌즈를 가지고 있었다면 그것들에게 다가가지 못했을 것이다.

-『잘 지내나요 내 인생』

여행을 마음먹기

어쩌면 우리의 일생은 길을 잃고 나서 다시 찾는 과정의 연속일지도 모른다. 아니, 길을 잃고 싶어, 그리고 길을 잃으리란 걸 알면서도 길을 떠나는 것인지도 모른다. 잃은 길 위에서 어딘가에 있을 차가운 불빛 하나를 기대하며 한 걸음씩 앞으로 나아가는 게 인생이 아닐는지. 그러기에 모든 인간은, 어쩔 수 없이 아둔하기만 한 것이 아닌지.

- 『행복이 오지 않으면 만나러 가야지』

길 위로 나선 사람은 어떻게 여행을 준비했을까?
 답은 하나밖에 없다. 여행을 결심하는 것. 휴가 온 관광객도 회사를 그만 둔 장기 여행자도 여행을 마음먹는 순간, 거기서부터 시작이다. 다음은 의지 문제다. 세상일이 마음만으로 되는 게 아니고 술술 흘러가지도 않는다. 돈이나 시간, 환경, 관계 등을 이겨내는 초월적인 의지가 필요하다. 역시 여행은 힘들다고? 그런데 뭐, 다른 세상일도 다 그런 거라서 우리를 가만히 내버려두지 않는다.

> 잠자코 있으면 계속 몰아붙이는 게 인생이거든요. 그러니까 뭔가를 보여줘야 할 땐 보여줘야 하는 거라구요.
> ―『우리는 사랑 아니면 여행이겠지』

여행자의 의지를 뜯어보면 생각보다 별거 없다. 계획적이지도 않고, 대책 없고, 긍정적이지도 않다. 일상이 너무 행복하고 풍요로워서 여행을 결심한 사람보다, 혹독하고 외로워서 도피 같은 여행을 감행한 사람이 더 많다. 사위가 어두울수록 덜 망설인 셈이다.

> 세상은 살 만한 곳이 아니라고 생각하는 그 지점에서 별이 뜨는 것 같아요. 우리는 그 별을 나침반 삼아 앞으로 나아가는 것이고요. 그래요. 우리 인생의 복선과 암시는 어딘가에 분명 숨어 있어요. 해피엔딩이든, 쓸쓸한 뒷모습을 마지막 장면으로 막을 내리든 그건 중요하지 않아요. 우리 인생의 정면을 관통할 사랑과 의지는 지금 어디에 있는지, 그걸 찾으려면 노력이 중요한 거죠.
> ―『행복이 오지 않으면 만나러 가야지』

여행자는 여행이 계속될수록 진화를 거듭한다. 낯설고, 못 먹고, 집 같은 안락함이 없는데도 좋아지고 있다고 말한다. 도대체 그들은 어떻게 괜찮게 된 걸까. 길 위에서 얻은 것은 무엇일까.

노련한 여행자들은 삶에 대한 해답이 세상 여기저기에 숨어
있다는 것을 알고 있다. 그들이 멈추지 않는 이유도 바로 이
때문이다.
－『행복이 오지 않으면 만나러 가야지』

그게 무엇인지 정확하게 알 수 없지만 그것을 발견하기 시작한 여행자는 별을 담은 눈, 열매를 머금은 목소리, 아기처럼 짓는 표정, 기뻐서 울거나 울어서 행복해진 빨갛게 상기된 얼굴을 하고 있다. 세계를 조금이라도 넓히고 있는 사람은 반드시 티가 난다.

여행자는 스스로 얻은 각성으로 더 이상 일상이라는 여정을 두려워하지 않는다. 마침내 노련한 관찰자가 되었으므로 꼭 길 위에서만 발견할 필요가 없다는 것을 안다. 가까운 곳, 익숙하고 반복되는 것 속에서도 숨겨진 보물을 찾아낼 수 있는 밝은 눈을 가졌기 때문이다. 마침내 자신의 길이 그려진 지도를 해석하고 이해할 수 있게 된 것이다.

세상의 모든 길은 당신 앞에서 시작하며 오직 당신을 위해
존재하고 있다.
당신이 지금 서 있는 이곳이 당신의 새로운 주소다.
－『잘 지내나요 내 인생』

여행의 신이 있다면

　우리가 처음 만난 곳도 이 모임이 결성된 것도 오키나와 나하의 게스트하우스에서였어. 대부분 혼자 왔는데 대만에서 온 두 명은 친구라고 했어. 클린턴은 중국에서 유학하고 대만에서 일하는 이십 대 미국인, 함께 온 잭은 타이베이에서 핫도그를 만드는 육십 대 대만인. 둘은 이웃인가봐. 그 둘이 저녁을 해먹는데 내가 끼어들었고, 이어서 한국에서 온 오십 대 형이 수저를 얹었지. 그리고 하루 종일 구글만 하는 독일인 청년과 도쿄에서 인턴십 중인 프랑스 여자까지. 아, 게스트하우스 스태프인 일본인 여자 두 명도 빠뜨릴 수 없지.

　우리가 하는 일은 오전에 숙취를 견딘 다음, 저녁부터 술을 마시는 거였어. 누군가 그러자고 한 건 아니었어. 시간이나 당번을 정한 것도 아니지만 자연스럽게 돌아가며 음식을 차리고 술을 준비했거든. 게스트하우스 업무 시간이 끝나면 스태프까지 합류해서 새벽까지 이리저리 우르르 휩쓸려 다녔어. 야키니쿠에 갔다가 헤비메탈을 들으러 가고 탁구대가 있는 스탠드바를 찾아 다녔지. 참 신기하지. 서로 말이 안 통하는데 입이 얼얼할 정도로 수다를 떨었으니까. 팔자 늘어진 인간들만 모였나 봐. 매일 꼼짝하지 않고 게스트하우스 부근만 맴돌았어. 오키나와의 에메랄드빛 바다나 아메리칸 빌리지에는 관심이 없는 거 같았어. 며칠 지나면서 우리는 '인터내셔널 비어 킬러'라는 이름을 지었어. 그때 우리 기분이 어땠냐고? UN이라도 만든 거 같았어. 다들 살짝 미쳐있었으니까 그럴 만도 하지.

"여행은 가끔 우리를 놀라게 하지. 생각해 봐. 서울에서 비행기를 타고 2시간을 날아가서 열차와 전철을 타고 다시 3시간을 간 거야. 그렇게 당도한 여행지에서 목이라도 축일 요량으로 허름한 술집에 들어갔는데, 그곳에는 모든 것이 완벽하게 준비가 되어 있었던 게지. 맛있는 술과 안주, 그리고 멋진 음악. 이보다 더 행복할 수는 없잖아?"

-『위로였으면 좋겠다』

하루는 재래시장에 꼬치를 먹으러 갔어. 야외에 테이블이 달랑 두 개 있고, 서서 술을 마시는 곳이었어. 서로서로 어깨를 나란히 붙이고 섰지. 바로 한 블록 옆은 관광객을 상대로 엄청난 상권이 형성되어 있는데, 여긴 우리뿐이더라고. 저녁시간이 되자 주민들이 모이기 시작했어. 퇴근 후에 간단하게 한잔, 후련한 하루의 마무리에 초대된 거 같았어. 시식을 핑계로 안주를 이것저것 얻어먹고, 술도 여러 가지 맛봐야 했는데 마다할 이유가 없었지. 우리는 곧 같이 노래를 부르기 시작했어. 국적이 달라도 모두 알만한 그런 노래였어. 글쎄, 시장에서 어깨동무를 하고 노래를 불렀다니까. 이모 같은 아주머니, 후덕해 보이는 회사의 부장, 새초롬한 아가씨, 오사카에서 출장 온 샐러리맨까지. 나는 그제야 '내가 일본 사람을 만나고 있구나.'라고 생각했어. 관광객을 상대하는 일본인이 아니라 나처럼 평범한 사람 말이야.

그런데 가장 기억에 남는 건 따로 있어. 한국에서 온 형과 나는 길을 잃었는데 그대로 계속 걸었지. 어차피 마음만 먹으면 게스트하우스 정도는 찾아갈 수 있으니까. 길을 잃었다고 해서 바로 빠져나올 필요는 없는 거잖아. 배회하다가 우연히 들어간 아주 작은 술집, 영화 『심야식당』 같은 곳이었어. 테이블 하나, 네 명 정도 앉을 수 있는 바가 아담하게 있었지. 술을 팔긴 했지만 밥집이라고도 할 수 있는데, 퇴근한 신혼부부가 늦은 식사를 하고 있더라고. 우리가 앉자마자 먼저 죽이 나왔고 다음으로 몇 가지 요리를 차례대로 먹었어. 메뉴 같은 건 따로 없고 주는 대로 먹는 거야. 환갑이 지났을 거 같은 마스터가 동네 단골들을 상대로 혼자 하는 가게인 거 같았어. 서로 친밀했고 남은 술은 남겨두고 갔으니까. 몽환적이었어. 일본의 음식 장인을 찾는 다큐멘터리나, 『심야식당』의 주인공이 된 거 같았지. TV와 책으로만 보던 바로 그 모습이었거든. 대대로 내려오는 비법을 고수하고 상업적인 욕심을 경계하며, 소소하게 운영되는 곳. 매스컴을 탈 만큼 유명하지는 않지만, 음식에 대한 일본 특유의 정신이 담긴 식당. 나는 일본의 많은 식당을 가보진 못했지만, 일본이 자부심을 가지는 음식이라는 게 어떤 것인지 단번에 직감할 수 있었어. 다시 생각해도 내 인생 최고의 날 중 하루야.

알고 있나요?

인생의 한 순간이 때론 인생의 전부일 수도 있다는 사실.

알고 있나요?

우리가 길을 잃어버리는 것이 아니라 길이 우리를 잃어버린다는 사실.

　　　-『내가 나를 사랑하는 일 당신이 당신을 사랑하는 일』

'여행의 신'이 우리를 도와주려고 하고 있어. 서프라이즈 이벤트를 준비한 거지. 그래서 길을 잃게 만들었는데 당신이 구글맵과 와이파이를 찾으러 스타벅스로 쏙 들어가 버린다면 신은 얼마나 당황할까.

여행이란 내가 하는 게 아닐지도 몰라. 주체가 아닌 거야. 바다와 산, 나무와 바위, 돌과 다람쥐, 꽃과 새 그리고 그곳에 있는 사람들이 주인공인 무대에, 잠깐 조연으로 출연하는 거야. 그곳에 사는 사람들이 주인공일 때 세트가 더 짜임새 있지 않겠어. 내가 아무리 공부를 많이 해도 그건 진짜가 될 수 없잖아. 그래서 여행을 여행이라고 하는 것이기도 하고.

관광객이 되지 마라. 여행자가 되어라. 관광객은 장소에 머무는 자다. 하지만 여행자는 장소에 묻힌 시간의 비밀을 발굴한다.

　　　-『행복이 오지 않으면 만나러 가야지』

고독

첫 번째.

술이 깨면 우울했다. 그 우울은 지난밤 술이 불러다 준 망각보다 독한 녀석이었다. 그래서 다시 술을 마시고 다음 날은 더 큰 우울이 왔다.

그때 생각했다. 우리에게는 혼자 되는 장소와 시간이 필요하다고. 그리고 인생에서 무엇을 결심하거나 찾아내는 순간은 대부분 그렇게 온 거라고.

"우리에겐 외로움이 필요하고 외로워질 수 있는 장소가 필요해요."

-『당분간은 나를 위해서만』

두 번째.

3인실 기숙사에 살던 스무 살. 초여름의 거센 비를 맞으며 캠퍼스를 걸었다. 만물은 비를 맞아야 자라는데 인간만 우산을 쓰지, 하루쯤 괜찮잖아. 물이 뚝뚝 흐르는 옷은 세탁기에 넣으면 그만이고.

자기 전에 냉면 대접에 소주를 붓고 사과 반쪽을 넣어 다음 날 마시곤 했다. 그때는 뭐라도 해야 했다. 전과 다른 뭐라도 해야, 우리 밖으로, 더 넓은 세상으로 나왔다는 걸 확인할 수 있었다.

> 그럴 때가 있다. 몸을 날려 버릴 것 같은 거센 바람 속으로 자진해서 걸어가고 싶을 때. 그건 여드름이 가득한 십 대나 갓 스무 살을 넘긴 청년이나 마흔을 넘긴 아저씨나 똑같다. 우리는 인간이고, 인간이기 때문에 어쩔 수 없이 위로가 필요하다. 그리고 위로는 '당신의 따뜻한 손길'에서가 아니라 때로는 난폭한 바람 속에서 얻을 수 있는 것이니까.
> ―『잘 지내나요 내 인생』

세 번째.

혼자 오래 여행하면 외로움은 어쩔 수 없다는데 난 고독만 알고 있었다. 외로움과 고독의 차이를 알아가면서 여행이 조금 더 재미있어졌고, 무엇보다 처방이 달라졌다.

> 당신이 외롭다면 당신의 외로운 이야기를 가장 잘 들어 줄 사람은 여행자다. 여행자는 당신의 외로움을 가지고 먼 길을 걸어가 바다에 던져버리거나 깊은 숲속에 묻어 버릴 테니까.
> ―『내가 나를 사랑하는 일 당신이 당신을 사랑하는 일』

네 번째.

좋은 글을 쓰는 재주는 없지만 본능적으로 고독 속에서 편안을 느낀다. 그래서 희망을 본다. 내면의 소리를 듣기 위해 귀를 안으로 접고, 타고난 성격과 심성을 외면하지 않으려고 한다.

고독 속에서 듣는 음악이 더 감미롭고
고독 속에서 읽는 책이 더 매섭고
고독 속에서 피운 향이 더 오래가듯이
고독한 사람을 만나 사랑하겠다.

내가 아직 마음에 드는 문장을 쓰지 못하고 마음에 드는 사진을 찍지 못한 것은 내가 충분히 고독하지 않았기 때문이다.
— 『우리는 사랑 아니면 여행이겠지』

마침내
처절한 바위 더미나 설원의 숲에 앉아
무한의 자유와 무한한 고독 사이에서
노을이 빨갛게 염색하는 하얀 노트를 펼치기를.
그 위에 내가 본 세상과 사람에 대해서 정성스럽게 쓰길….

"맞아. 모든 직업의 공통점은 고독하다는 거지."
"우리 모두 고독해. 저 탑을 세운 것도 고독을 이기기 위해서지. 내가 그림을 그리는 것도 고독을 벗어나기 위해서야."
"우리가 밥을 먹는 것도, 노래를 부르는 것도, 술을 마시는 것도, 책을 읽는 것도, 사랑하는 것도, 여행을 떠나는 것도, 여행을 떠나 다시 돌아오지 않는 것도, 결국 다시 돌아오는 것도, 꽃이 피는 것도, 강물이 바다를 향해 흘러가는 것도, 나무들이 꽃을 피우는 것도, 도마뱀이 제 꼬리를 자르는 것도, 조개가 진주를 품는 것도, 신호등이 깜빡이는 것도, 말라붙은 치약을 끝까지 짜는 것도 모두가 고독하기 때문이라고."

－『행복이 오지 않으면 만나러 가야지』

변질된 말

　도전이라는 말은 너무 거창해져서, 도전이라는 말에 먼저 도전해야 하는 심정이다. 실패라는 말은 지나치게 참혹스러워졌다. 1등 못 하는 시험을, 성공 못 하는 일을, 이별하는 연애를 더 많이 하는 게 일반적인데 왜 머리가 지끈거리고 얼굴이 화끈거리지. 겁이 나서 아무것도 쉽게 시작할 수 없게 돼버린 거 같아.

　야자수 그늘 아래 팔베개를 하고 누워 있으면 오래 생각한다고 반드시 좋은 생각이 나오는 것이 아니라는 것을 알게 된다. 우리가 해결해야 할 일들 가운데 많은 것들이 해결하지 않아도 될 일이었다는 걸 깨닫게 된다. 우리는 때로 너무 신중해서, 너무 심각해서 일을 그르치곤 했지.
　　　　　　　　　　－『우리는 사랑 아니면 여행이겠지』

　열정은 자기계발서가 종용하는 비장하고 혹독한 실천이 아니라 순수하고 깊은 애정에 가깝다. 모른 척하지 않고 한번 해보겠다는 의지가 열정이다.

열심은 상대평가나 성취속도가 아니라, 회피하지 않는 마음에서 시작한다. 자신만의 페이스를 조율한다는 말이기도 하다. 걸음마는 한 걸음씩. 애송이는 애송이답게, 나는 나답게 해나가는 것이 열심이다.

> 우리가 목적지에 닿는 유일한 방법은 왼발 앞에 오른발을 두고, 다시 오른발 앞에 왼발을 두는 것, 그것 말고는 없다.
> ─『우리는 사랑 아니면 여행이겠지』

도전을 쑥스러워하거나 실패를 두려워하는 건 어쩌면 본능인지도 모른다. 일이 풀리지 않을 때 자신의 노력이나 재능을 의심하는 것도 마찬가지.

하지만 삶이 부치더라도 기억해야 할 게 있다. 지금 무조건적으로 참는 것이 반드시 미래의 행복으로 나타나는 것은 아니다. 행복은 저축할 수 있는 게 아니며 이자가 붙지도 않는다. 오늘의 자신보다 소중하고 훌륭한, 미래의 자신은 없다.

> 우리가 진정으로 두려워해야 하는 건
> 하기 싫은 일을 하지 않겠다고 말하는 게 아니라
> 하고 싶은 일을 하지 못하는 것이다.
> ─『잘 지내나요 내 인생』

생의 서

짙은 밤 깊은 의자에 앉은 밤.
무엇이든 쓰고 싶었지만
그 복받쳐 오름이 무엇인지 알지 못했다.

국어사전에서 알맞은 단어를 찾다가
저 사전 속 많은 감정들에
내가 다 부딪칠 수 있을까, 라며 염려했다.

네 입술이 깜빡이며 부렸던 마법 같은 밤에
나는 다시 불이 들어오기 시작한 오래된 전구처럼
껌뻑거렸다.

모든 것은 흘러간다는 위로는
흘려보낼 수 있는 이에게만 해당되며.

망각이라는 약봉지도
시간을 견디는 이에게만 해당된다.

세상이란 겪고 난 이들에 의해서만 노래되며
그래서 우리는 항상 외로운지도 모른다.

하지만 우리는
되짚거나 되돌려 사랑할 수 없기 때문에
지금부터 새로운 사랑을 시작할 수 있는
또 모든 것을 사랑할 수 있는
그런 응당한 존재이기도 하다.

　　겨울 시린 꽃봉오리에서 뜨거운 꽃이 열리듯
　　살아내는 것 자체가 가장 다행한 일이다.
　　우리는 아직
　　가보지 못한 곳이 많고 사랑하지 못한 일들이 많다.
　　세상의 모든 길은
　　길이 끝난 그곳에서 다시 시작한다.
　　당신의 뺨을 어루만지는 일이
　　이토록 소중한 일일 줄이야.
　　그리고 그것이 삶일 줄이야.
　　　　　　　－『행복이 오지 않으면 만나러 가야지』

오선지에 집을 짓고 음표로 대화하며

나무냄새를 끌어당겨 발가벗은 우리를 덮고

명랑한 고양이를 키우자.

너의 까닭과 나의 까닭을 우리만 통하는 혀로 말하고

다른 곳의 이야기를 듣지 못하는 귀를 가진 채

기록할 수 있는 건 모두 버린 다음

매일 하루짜리 달력을 새로 만들고 함께 넘기면서

아무것도 남기지 않고

조악한 것들에 애착하지 않는 그런 여행,

그런 이야기 속에 너와 내가 있다면.

여름 내내 찬란하던 자귀나무가

비로소 잎을 떨어트린 까닭은

이제는 땅이 전하는 이야기에 귀를 기울이기 위함이다.

강물이 오랜 시간을 흘러 바다에 닿는 까닭은

자신이 간직해 온 맑고 깊은 지혜를 전해 주기 위함이다.

저물 무렵의 산 그림자가

느린 걸음으로 마을로 내려오듯

오늘 나의 눈은 당신의 눈을 깊고 깊게 응시한다.

누군가를 향해 귀를 기울인다는 것.

이것은 참 아름다운 일.

그것은 생의 가장 아름다운 습관.

－『잘 지내나요 내 인생』

고백이 영원했더라면
이별도, 배신도, 절망도 일어나지 않았겠지만
사랑이라는 말이 없었다면
어떻게 당신과의 처음이 있었을까.

    따뜻하게 달궈진 모래밭을 걸으며
    지금 행복한지는 모르겠지만,
    행복이라는 말이 없었다면
    매일매일을 지나올 수가 있었을까.

-『우리는 사랑 아니면 여행이겠지』

3부

행복

행복

문득 책을 선물하고 싶은 사람이 있다. 누군가에게 영감을 불어넣어 줄 책이 떠오를 때, 내가 그 사람을 참 좋아하고 있다는 것을 느낀다. 간혹은 내가 전하려는 메시지를 찾아야 한다는 부담 때문에 오히려 책을 즐기지 못하는 건 아닌지, 독서가 처음부터 불편한 사람은 아닌지 걱정이 앞서지만 결국 책을 전하고 만다. 오늘도 책을 선물했다. 『On the Road』라는 제목이다. 절판된 책을 구하기 위해 일부러 중고서점까지 들렀다.

선물한 사람은 이틀밖에 보지 못한 이다. 공공기관에서 진행하는 청년사업의 심사위원으로 참석한 자리에서 만났다. 인상 깊은 열정을 가진 사람이었고, 이 책이라면 그 사람이 더 활활 탈 수 있는 연료가 되어줄 거 같았다. 다음 날도 참석한다는 말에 내일 책을 선물할 거라고 예고했고, 그렇게 했다. 다행히 낯선 사람의 호의를 경계하지 않고 고맙게 받아줬다.

억지로 하는 선물이 아니라면, 선물을 주는 쪽이 먼저 행복해진다. 책을 받아서 기분 좋을 상대방을 상상하며 행복하고, 선물하고 싶은 마음을 실현할 수 있어서 후련하기 때문이다. 선물이란 어쩌면 반은 상대방을 위해서 나머지 반은 자신을 위한 것이다.

나는 행복의 근원이 결코 이타적인 마음에서 오는 게 아니라 자기중심적인 근본에서 온다고 생각한다. 사랑해주지 않아도 괜찮다는 누군가를 마음껏 사랑하지 못해 우리는 얼마나 불행했던가. 도와달라고 한 적도 없는 누군가를 위해 희생하며 우리는 왜 미소 지었을까. 이렇듯 행복이란 남에게 피해를 주지 않으면서 자기의 의지대로 살 때 느낄 수 있다. 그렇게 살고 있는 사람이 가장 많이 모인 곳은 여행자 거리이며, 그중에서도 카오산로드다. 『On the Road』의 부제는 '카오산로드에서 만난 사람들'이다.

자기 의지대로 사는 또 다른 사람은 '봉사자'다. 특히 장기 해외봉사자는 더 그렇다. 캄보디아에 파견된 봉사단의 이야기를 담은 『언제나 써바이 써바이』도 내게 행복을 가르쳐 준 책이다. 이 두 책을 쓴 박준 작가를 처음 만난 건 2017년 9월이다. 부암동의 카페에서 그를 만나며 '참 간결하고 해박하다.'라는 느낌을 받았다. 그의 저서를 살펴보면 매번 새로운 시도를 한다는 걸 알 수 있다. 그 속에서 내가 가장 자주 발견한 것은 바로 행복이다. 작가의 책 속에 이런 구절이 있다. '어떤 일을 하며 살겠다고 마음먹는 건 당장 죽을지 살지를 결정하는 건 아니잖아. 그런데 그걸 왜 그렇게 어려워하지?' 그때 나는 무릎을 탁 쳤다.

책을 쓰겠다고, 인용을 허락해달라고 부탁을 한 후 일 년이 넘도록 원고를 제대로 쓰지 못했다. 그동안 작가에게 진행상황을 알리거나 안부를 물은 것도 아니다. 부담감과 미안함을 견딜 수 없을 때 불쑥 메일을 보내면, 박준 작가는 늘 간결하고 덤덤하게 내가 하려는 대로 하라고 회신했다. 거기에 일 년이 더 걸려 마침내 작업을 마무리하게 됐다. 집필 중에 이 책을 사람들이 알아볼까, 좋아할까를 고민할 때면 마음이 약해지기도 했다. 그럴 때면 이렇게 생각하며 이겨냈다.

'이 책이 적어도 나는 행복하게 하잖아, 그럼 된 거야.'라고.

* 『On the Road』는 『여행의 자유가 삶의 열정이 되다』(넥서스북, 2017)로 개정되었다.

다큐의 힘

여행은 신기루가 아니라
가슴속에 점 하나 찍을 수 있는 다큐를 지향하는 거 아닐까.

박준 작가는 다큐를 쓴다. 우리에게 익숙한 에세이나 기행문이 아니다. 특정한 대상을 관찰하고 기록하는 다큐에서 작가 본인의 여행은 잘 드러나지 않는다. 하지만 어떤 에세이나 기행문보다 자연스러운 공감과 탄탄한 스토리를 전달한다. 이것이 '박준 작가'식 다큐의 힘이다. 화자가 단 한 명의 주인공이 되는 것이 아니라, 자신을 투영한 여러 주인공의 이야기를 하나의 결로 이음으로서, 보편적이고 직설적인 메시지를 가슴 한복판에 꽂는다.

  그는 여행을 통해 다큐멘터리를 만들고 사진 작업을 하며, 삶에 긍정적인 영향을 미칠 수 있는 건강한 글쓰기를 멈추지 않을 것이라고 말한다. 이런 작업들을 통해 누군가의 삶이 더 아름다워진다면 그보다 더 가슴 벅찬 일은 없을 것이라고.

-『언제나 써바이 써바이』

『On the Road』에서는 카오산로드의 장기 배낭여행자를 인터뷰했고, 『언제나 써바이 써바이』는 캄보디아에 파견된 한국인 봉사자 이야기를 모은 책이다. 『뉴욕, 뉴요커』는 뉴요커가 생각하는 진짜 뉴욕을 야생적으로 기록했으며, 『떠나고 싶을 때 나는 읽는다』로 방 안에 앉아서도 세계를 생생하게 여행할 수 있는 이야기를 들려줬다. 그리고 『방콕생활자』에서는 방콕의 비밀 장소를 귓속말한다.

카오산로드, 캄보디아, 뉴욕, 방 안. 이렇게 한정된 공간으로 설정한 대신 농도 짙은 그의 문장은, 여행과 일상에 질문과 호기심을 동시에 던진다.

그래서 박준 작가의 문장은 새벽의 시간을 위험하게 만들었다. 해가 뜨기 전까지 사방은 온기를 잃어가지만, 내 속 한편은 달아올랐다. 인기척이 자취를 감추면 호기심의 태동을 느낄 수 있었다. 그의 문장을 읽을수록 이런 새벽의 주기는 짧아졌고, 마침내 달뜬 기분으로 느닷없는 결심을 하기도 했다.

급하게 방콕행 티켓을 알아본 것도, 이타적인 실천과 자기중심적인 행복을 돌아보게 한 것도, 아시아 다음 여행지로 뉴욕이 일 순위가 된 것도, 꼭 읽고 싶은 책을 받아 적은 것도 모두 그의 책을 읽던 새벽에 일어난 일이다.

마음속에 이는 질문에 답을 하고야 말게 만드는 특별한 다큐를 당신의 일상과 여행에 선물하고 싶다. 여행 분야의 책을 에세이, 여행기, 가이드북 정도로 생각하고 있었다면 지금부터 다큐의 힘을 느껴보기를.

그리고 예비 작가를 포함한
하고 싶은 일 앞에서 망설이는
모든 예술가에게!

나는 작가를 단순히 글 쓰는 사람이라고 생각하지 않는다. 작가의 스펙트럼은 넓다. 글을 쓰건 사진을 찍건 다큐멘터리를 만들건, 그게 무엇이든 "이게 내가 만든 거야", "여기에 내가 있어"라고 말할 수 있는 사람이 작가이고, 나는 그런 사람이고 싶다.

- 『떠나고 싶을 때 나는 읽는다』

카메라

카메라를 팔았다. 서른 살에 첫 카메라를 샀는데, 니콘 D5200 모델의 18-55mm번들 구성 DSLR이었다. 그 카메라로 첫 책을 출간했고 장비를 더 갖출 요량으로 시그마 30mm F1.4 렌즈를 샀다. 더 좋은 성능의 카메라를 빌려 쓴 적도 있다. 하지만 어느 순간 렌즈와 카메라를 정리했다.

내게 카메라를 든다는 건 부지런하고 치열해야 하는 일이다. 일단 무게와 불편함을 견뎌야 하고, 렌즈를 바꿔가며 최적의 설정과 구도를 찾아야 한다. 돌아와서 보정하고 그에 맞는 글을 쓰거나, 글에 맞는 사진을 고르는 과정은 굉장히 수고스럽다. 그래서일까, 내 노력은 부족했다. 노력의 부재는 무엇인가를 창작하는 입장에서는 아쉬움이고, 여행의 입장에서 보면 배신이다. 숙고하지 않고 거침없이 찍느라 여행을 놓치고 있었다.

다른 사람이 보았을 때 어떤 사진일지를 의식하고 있었기 때문에, 그때의 여행은 내 것이 아니라 남의 것이었다. 잘 알려진 곳에 가면 왜 이곳의 이름이 알려졌을까, 어떤 감동을 주었기 때문일까를 이해하려는 것이 아니라 표피만 기록하고 그것을 화장하는 데 급했다. 내가 이곳에 다녀갔다는 이력을 쌓는 정도였다.

> 꽃잎을 주워 모아 액자를 만든 이에게 얼마나 잘 만들고 못 만들었는지는 중요하지 않을 것이다. 누구나 자기 생활을 풍요롭게 할 뭔가를 만들 줄 안다면, 그는 예술가다. 예순이 되고 일흔이 넘어 벼룩시장에서 노래를 하고 연주를 하며, 잘 그리거나 말거나 쪼개진 호박을 캔버스 앞에 두고 붓을 드는 사람은 얼마나 근사한가.
>
> -『떠나고 싶을 때 나는 읽는다』

사진 속에 사진가가 녹아 있지 않다면, 글 속에 글쓴이의 정신이 없다면 그것은 허세나 다를 게 없다. 언젠가 내가 만든 것을 돌아볼 일이 생겼을 때 '멋진 사진이었어. 감동적인 문장이었어.'라는 것보다 '그때 셔터를 누르던 결심을 잊을 수 없어. 마침내 그 단어들이 배열되어 문장이 되었을 때의 희열이 잊히지 않아.'라고 말하는 사람이 되고 싶다.

유독 쓸쓸한 날에는 지난 여행으로 위안 삼는다. 그럴 때 꺼내보는 사진이 진짜 내 사진이다. 수평선을 뚫고 올라오는 새빨간 일출이 아니라, 일출을 본 후 먹던 초라한 식빵 조각. 생기 넘치는 재래시장 상인의 표정이 아니라, 그 속에서 쓰다듬던 무심한 고양이 한 마리. 쨍한 사진보다는 사소하고 평범한 사연을 담은 조각들이 일상의 틈을 채울 때 여행은 완성된다.

> 나는 이제 무엇을 봐야겠다고, 어디에 가야겠다고 안달하는 게 덜해졌다. 무엇을 보지 못하면 다음에 와야지, 사진을 찍지 못하면 마음에 담아야지, 순순히 수긍한다. 안달은 한국에서 하는 것만으로 충분하다. 길 위에서 지금 이 시간을 즐기려 한다.
>
> — 『떠나고 싶을 때 나는 읽는다』

카메라 없이 다닌 여행은 가벼웠다. 한 달이 넘는 여행도 기내 수하물이면 충분할 정도로 단출해졌고, 찍어야 한다는 강박이 없으니 오래 관찰하고 같은 곳을 다시 찾아갔다. 그중에 남기고 싶은 것은 휴대폰 카메라로도 충분했다.

그 뒤로 사진과 글을 엮는 일은 못하게 됐으니 일감이 줄었다. 하지만 나는 작가 이전에 여행가이고 싶다. 사진을 찍느라 여행을 놓치는 미련한 짓은 더 이상 하지 않을 것이다.

선언

떠나고 싶다는 생각을 하는 건 사치가 아니다. 운이 좋거나 상황이 억세게 좋은 인간들만 한가롭게 여행을 다니는 건 아니다. 살면서 꼭 한번은 혼자서, 한 달쯤 여행을 떠나보라. 상상만으로 기분이 좋아지지 않는가? 결혼을 했건 미혼이건, 취업을 했건 하지 못했건, 돈이 많건 적건, 남자건 여자건 한번은 떠나봐야 한다. 기왕이면 한 달은 돼야 하고 3개월 이상이면 더욱 좋다. 80년이란 인생을 살면서 순전히 자기를 위해 겨우 몇 달의 시간을 내지 못하는 건 슬픈 일이다. 왜 꿈만 꾸고 있는가. 한번은 떠나야 한다. 떠나는 건 일상을 버리는 게 아니다. 돌아와 일상 속에서 더 잘 살기 위해서다.

- 『On the Road』

여행을 좋아한다면서 여행하지 않는 사람을 많이 봤다. 그들은 언제나 여행하지 못하는 이유를 만든다.

연애, 영화, 술, 담배, 컴퓨터 게임, 스키, 카페, 드라이브, 다이어트 모두 시간을 내서 해야 하는 일이다. 좋아하는 일 앞에서는 시간과 돈을 쪼갠다. 여행도 마찬가지다. 여행을 진짜 좋아하는 사람은 돈이나 시간 탓을 하지 않는다.

물론 여행은 조금 다른 관점에서 볼 수도 있다. 여행을 자주 하지 않고 여행에 필사적이지 않더라도 누구나 여행에서 온 좋은 순간을 가지고 있기 때문에 언제나 여행을 바라는 것이다.

마침내 떠난 여행자는 망설임을 깬 사람이다. 그들을 망설이게 한 정체는 시간이나 돈이 아니라, 불확신에서 오는 두려움이다. 여행 후에 얻는 대가를 확인해야 배낭을 쌀 수 있는 것이다. 안타깝게도 그런 확신을 가지는 사람은 몇 명 없다. 혼자 판단해야 하고 이리저리 휘둘리기 마련인 여행의 손익을 긍정적으로 예측하기는 힘들다. 그렇기 때문에 어쨌든 한 번은 망설임을 깨야 한다.

> 여행을 시작하기도 전에 여행 후 내가 어떻게 달라질까를 걱정하는 건 너무 조급하지 않은가. 여행을 한다고 일상을 버리는 건 아니다. 집 평수를 늘리는 게 중요한 만큼 행복을 느끼는 마음의 평수에도 가끔은 관심을 줘야 하지 않을까. 여행을 하면서 우리가 버리는 건 일상이 아니라 욕심일지도 모른다.
>
> -『On the Road』

여행을 결심하는 힘은 책임질 수 있다는 각오로부터 나온다. 자기만족이다. 내 마음이 여행 동안이라도 편해질 수 있다면 이미 충분하고, 그 마음을 가지고 돌아와 일상에 보탬이 된다면 완벽하다. 그 정도 느낌이 있다면 여행을 선언해야 한다.

> 많은 사람들이 현실적인 어려움 속에서 여행을 떠난다. 배낭을 꾸린다는 것은 언제나 새로운 출발이자 도전이며, 살아있다는 것을 느낄 수 있는 가장 빠른 방법이다. 자신이 변하지 않는다면 세상은 조금도 변하지 않는다. 여행을 통해 세상은 내가 스스로 책임지고 살아야 하는 곳임을 배우게 된다.
>
> -『On the Road』

어디에 가겠다고 말만 하는 여행은 대부분 사라졌지만, 미리 사 둔 비행기표를 취소한 일은 거의 없다. 어쩔 수 없이 티켓을 취소하게 되면 얼마 정도의 수수료가 발생하겠지만, 그 손해가 두렵다면 처음부터 여행은 당신에게 어울리지 않았는지도 모른다.

시간을 낼 수 있는 확률이 반 정도 된다면, 일단 티켓을 사보자. 당일 취소하는 한이 있더라도 사는 연습이라도 해야 한다. 그리고 며칠에서 몇 주 기다리며 상황이 어떻게 변하는지 지켜보라. 불가능이라고 생각했던 상황은 점점 여행 쪽으로 기울어, 어느 순간 백 퍼센트가 되는 경험을 하게 될 것이다.

무엇을 볼 것인가

　관광 연구원, 각 분야 전문위원과 함께하는 남해안 답사에 자문단으로 참여한 적이 있다. 적임자가 아니라고 생각했기 때문에 고사의 뜻을 전했다. 하지만 여행자의 시선으로, 느끼는 대로 의견을 내면 된다는 요구를 확인하고 남해로 갔다.

　사업의 요지는 복잡한 리아스식 해안의 거점 도시를 다리를 놓아 연결하고, 전망 좋은 명소의 개발이다. 직선거리는 가깝지만 실제 이동거리는 먼 남해를 단축시키고 우리나라가 가진 다도해 천연 절경을 브랜드화하는 좋은 계획이다.

　몇 군데의 조망 포인트를 답사하면서, 자문단의 의견은 비슷했다. 주변 환경과 어우러지는 디자인을 하지 못했거나, 실용적인 공간 활용이 아쉬운 부분에 대해서 보완이 필요하다는 것이다. 더 나아가 건축 전문가는 자연 보존, 그리고 자연과 조화되는 설계를 강조하며 섬과 섬을 잇는 다리 공사가 천혜의 경관을 망가뜨린다고 주장했다. 그래서 공사를 하면 안 된다는 것이다. 나는 경관이 훼손된다는 아쉬움에는 동의하지만 공사는 해야 한다고 생각한다.

> 어떤 이들은 카오산로드에 맥도날드가 생긴 것을 보고 "카오산도 이제 상업화되었다"고 비아냥거린다. "순수했던 여행자들의 거리가 퇴색해버렸다"는 식이다. 『on the road』를 읽고 카오산에 왔다가 실망했다고 말하는 독자들 역시 이와 비슷하게 생각할지 모르겠다. 얼핏 보면 온통 장사꾼들밖에 보이지 않으니 말이다.
> ― 『떠나고 싶을 때 나는 읽는다』

모든 곳은 변할 수 있고 변해야 한다. 변화의 방향은 그곳에 터전을 일군 현지인에게 이로운 쪽으로 가야 한다. 우리가 여행을 할 수 있는 것은 소비할 돈 몇 푼이 있어서가 아니라, 누군가 그곳에 뿌리를 내려 살고 있기 때문이며, 내가 가기 전까지 다른 여행자가 다녀간 덕분이다. 잠깐 머물고 떠날 거면서 함부로 억측한다면 얼마나 어리석은 짓인가.

섬에 사는 사람도 보고 싶은 애인을 더 빨리 만나야 하고, 자식이 아프면 큰 병원으로 차를 몰아야 한다. 태풍이 오면 고립되는 것이 아니라 내륙으로 휴가를 갈 수 있어야 하고, 택배를 다음 날 받을 때의 기쁨을 알 수 있어야 하는 것이다. 관광객이 바라는 모습으로 보존하기 위해서 지역 개발을 늦추는 것은 이기적이다. 만약 그래야 한다면 그렇게 하는 것이 현지인에게 이롭기 때문이어야 한다.

다랑이논과 바다와 가옥을 한 번에 조망하는 마을은 참 아름다웠다. 그 마을의 이름을 단 전망대가 주차장에서 멀고, 지붕이 없고, 비록 좁았지만 마을의 모습을 있는 그대로 감상할 수 있는 최적의 조망 포인트라고 생각했다. 다른 의견의 자문위원도 있었다. 지대가 더 높은 곳에 멋진 건물로 만들면 좋겠다고 한다. 맞는 말이다. 전망대를 하나의 건축물로 본다면 입지 조건과 기능은 중요하다.

그런데 여행자로서 내 의견은 다르다. 차를 세워두고 전망대까지 일부러 걷는 몇 분의 시간. 비록 불편할지도 모르지만 그때 느끼는 길의 질감과 시야의 변화, 이것은 여행의 감동을 새롭게 할 수 있는 기회다. 전망대를 서류 위에 기재되는 면적의 넓이로 볼 것이 아니라, 풍광을 조망하는 여행자의 동선까지 고려해서 연결해야 한다는 게 내 생각이다. 각자의 입장에서 의견을 냈으므로, 남은 것은 지역 주민과 관련 부서의 결정이다.

> 카오산이 변화를 겪은 것은 사실이나, 모든 것은 변하기 마련이다. 물론 변화를 바람직한 방향으로 이끄는 건 또 다른 문제지만, 카오산이 여행자들의 바람대로 변화의 예외일 수는 없다. 한 가지는 분명하다. 카오산이 제아무리 팽창하고 변해가도 이 거리에서 여행자들의 모습이 사라지는 일은 없

을 것이다.

— 『떠나고 싶을 때 나는 읽는다』

작년에 처음 다녀온 후 일 년 만에 카오산로드가 변했다고 실망하는 사람이 있고, 이십 년을 다니면서도 변하지 않는 카오산로드를 느끼는 사람이 있다. 나는 방콕을 여섯 번 여행하며 모두 카오산로드에 묵었다. 웬만해서는 꼼짝하지 않고 카오산로드에서 먹고 마시고 빈둥대며 시간을 보낸다. 딱 한 번 너무 외롭게 느껴져서 삼센로드 쪽으로 옮긴 적은 있지만, 그렇게 느낀 것은 순전히 내 문제였다. 고작 삼십 분이면 둘러보는 카오산로드에 계속 짐을 푸는 건 물가나 인심, 다양한 상점 때문이 아니다. 그곳에는 나와 비슷한 여행자가 있고, 들썩이는 배낭을 보는 것만으로도 폭발하는 에너지를 얻기 때문이다. 이런 장면은 카오산로드가 아니면 볼 수 없다. 내 머릿속에 있는, 내가 첫눈에 반했던 카오산로드는 결코 변하지 않을 것이다.

모든 것은 변하지만 그 속에 변하지 않는 것이 있다. 그러니 함부로 '당신은 변했어.'라는 말로 힐난하지 말라. 변하는 것마저 사랑하지 못한 당신을 탓하는 게 옳다. 여행도 마찬가지다. 변할 수 있는 것과 변하지 않는 것 중에 무엇을 사랑할 것인지는 여행자의 선택이다.

지금 나누지 않는다면

조그마한 손으로 정성껏 쓴 편지에, 답장을 꼬박꼬박 챙기지 못한 게 늘 마음의 짐이었다. 받은 편지보다 보낸 편지가 적었다. 친구들과 메신저로 시시한 이야기는 잘하면서 그 아이에게 안부를 묻는 건 왜 그렇게 느린 마음이었는지. 아이의 사진은 겨우 몇 년에 한 번씩 바뀌었다. 키는 커졌지만 낡은 옷과 무표정한 얼굴은 매번 그대로였다. 어쩌면 나는 남을 돕고 있다는 의식을 누리기 위해서 얼마 안 되는 돈을 이체하고 있었는지도 모른다.

자기들은 며칠 봉사를 했다는 이력이 필요해서 왔다는 거예요. 그런 거 중요하지 않다고 했어요. 이력서에 쓰기 위해서 왔더라도 여기서 다른 사람을 돕고 무언가 배우는 게 중요하다고, 우리가 대단한 것 갖고 있지 않아도 다른 사람을 도울 수 있다고 했어요.
그렇게 도와준 건 절대로 없어지지 않아요. 다른 사람이 나를 도와준 걸 기억한다면, 그 기억을 가지고 또 다른 사람을 도와주려고 한다면 세상은 좀 더 나아질 거예요. 자기가 가진 것을 나누는 게 아니라 나눠도 없어지지 않는 것을 나누는 거예요.

-『언제나 써바이 써바이』

반성이 깊어진 새벽. 책을 끝까지 읽지 못하고 캄보디아 봉사를 시작할 수 있는 방법을 찾았다. 더 여유로운 상황이 됐을 때, 중요하고 급한 일을 마친 후로 미루기만 했던, 일생의 과업을 결심한 순간은 이 말로부터 왔다.

현재 나누지 않는다면
앞으로도 나누지 않을 가능성이 커요.
그래서 지금 나누려고 해요.

-『언제나 써바이 써빠이』

당장 캄보디아로 갈 수 있는 방법은 없었지만, 다음으로 미루기는 싫었다. 그렇다면 하지 않을 가능성이 크니까. 그래서 지금 할 수 있는 일을 찾았다. 홈리스 배식 봉사였다. 재료를 다듬는 것부터 배식 후 설거지까지 한나절이 걸렸다. 가족이나 친한 친구에게 알릴 필요도 없었고, 누구에게도 칭찬받지 않았다. 거창한 보람조차 들지 않아서 편했다. 남을 돕는다는 건 특별한 일이 아니었다. 홍콩에 갈 일이 생겨 그만둘 때까지 한 달 동안 봉사했다.

내가 가진 10달러 가지고 뭘 사주는 것만이 봉사가 아니라 내 행동을 보여주는 것도 봉사가 돼요. 학교에서 아이들은 쓰레기를 아무 데나 버려요. 하지만 난 항상 쓰레기통에 버려요. 내 생활을 보여주는 거예요. 외국인이니까 학생들 눈에 띄겠죠. 저 선생님은 꼭 쓰레기통에 버리네, 꼭 비누로 손을 씻네, 물을 쓰고 수도꼭지를 잠그네. 난 평소처럼 생활하는 거지만, 계속 그런 행동을 보여주면 교육이 돼요. 무슨 교육 차트를 만들어서 하는 게 아니라, 내 행동을 보여주고 아이들이 자연스럽게 깨닫게 하는 것, 이것도 봉사라고 생각해요. 내가 도구가 될 수도 있어요.

-『언제나 써바이 써빠이』

몇 달 후 새벽. 다시 KOICA 봉사단에 대해서 알아봤다. 현지에서 나눌 수 있는 기술이 아무것도 없어서 지원조차 할 수 없었다. 그래서 그 새벽이 끝날 때쯤 한국어 교원 2급 과정에 등록했고 18개월 만에 학위를 받았다. 그리고 4개월 동안 매일 8시간씩 디자인 프로그램을 배웠다.

언젠가 같은 새벽이 찾아오면 느닷없이 결심할 것이다.

나는 아직 미루지 않았다.

장래희망

호칭은 있지만 직업은 없다. 여전히 글을 쓰는 것보다 여행에 달뜨고, 외치고 싶은 메시지가 생기면 그때서야 펜을 잡는다. 작가라고 불리기에는 더 많은 고민을 견뎌내야 하기에, 책을 내본 저자라고 하면 적당할 거 같다. 여행가를 직업으로 할 수도 없다. 여행을 계속 할 형편이 안되기 때문이다.

> 내 직업은 작가다. 2006년 첫 책을 출간 후 '작가'라고 쓰인 명함을 쓰고, 사람들은 나를 작가라고 부르지만, 책이 나오고도 한참 동안 작가라고 불리는 게 어색했다.
> – 『떠나고 싶을 때 나는 읽는다』

한국 사회에서 통성명을 하려면 호칭이 필요하다. 나이를 교환하거나 직업을 밝혀야 한다. 이름 불릴 때가 가장 편하지만, 상대방에게는 곤란한 일일 수 있다. 그러니 작가라고 불러주는 사람들을 말릴 수는 없다.

이렇게 호칭과 직업은 유리된다. 남들은 어쩔 수 없이 과거의 성과나 지금 하고 있는 일 밖에 관찰할 수 없다. 하지만 내 속에는 과거부터 미래까지 관통하는 일이 있다. 그 일이 곧 나의 호칭이며, 나는 여전히 장래희망을 가지고 산다.

잘 산다는 건 스스로 내가 어떤 사람이고 어떤 일을 하고 싶다고 규정할 수 있는 거야. 잘 사는 건 부모가, 사회가, 가족이 주는 타이틀과는 상관이 없어. 우리 아버지가 의사야, 변호사야 말하는 대신 난 영화를 만들고 싶다고 말할 수 있어야 해.

어떤 일을 하며 살겠다고 마음먹는 건 당장 죽을지 살지를 결정하는 건 아니잖아. 그런데 그걸 왜 그렇게 어려워하지?
―『뉴욕, 뉴요커』

내가 하고 싶은 일은, 지치거나 외로워서 나가떨어질 때까지 실컷 방랑하는 여행가가 첫 번째다. 다음은 여행 중에 얻은 감동과 성찰을 전하기 위해 글을 쓰고 사진을 찍는 일. 여행을 통해 삶의 정수를 전달했던 선배 작가들과 독자가 함께 여행하는 여행상품을 기획하는 일도 해보고 싶다. 작가의 인지도가 약하다는 이유로 좋은 작품이 사장되지 않도록 하기 위해서 1인 출판사를 운영하고 있다. 여행과 예술을 우리 손이 쉽게 닿는 거리, 조금이라도 가까운 쪽으로 당겨 놓으려는 시도가 나의 장래희망이다.

하지만 여행을 오래 하는 것도 글을 쓰는 것도, 여행사와 출판사를 만들고 운영하는 것 모두 많은 돈과 시간, 지식과 기술이 필요하다. 당장 덤빌 수 없겠지만 그것이 두려워서 내가 하고 싶은 일을 숨기면서 살고 싶지는 않다.

> 당신이 태어났을 때 부모님이 이름을 지어 줬잖아. 학교에 갈 때가 되면 어떤 학교에 보낼지 결정하고, 취업할 때가 되면 어떤 일이 좋겠다고 할지도 몰라. 그건 결국 부모가 당신 삶을 선택하는 거 아냐? 당신이 무엇을 할지 부모가 결정하고, 부모에 의해 당신의 타이틀이 주어지는 거잖아.
> —『뉴욕, 뉴요커』

틀리는 게 두려워서 발표 한 번 한 적 없이 학창시절을 보냈다. 장래희망에는 과학자나 변호사를 썼다. 점수에 맞춰 대학과 전공을 선택하고, 합격할 확률에 따라 직장을 골랐다. 어떤 것을 좋아하는지 스스로 알지 못했으므로, 다른 일을 할 수 있다는 생각조차 하지 않았다. 그래서 힘든지 몰랐고, 통장 잔고가 쌓이니까 불만도 없었다.

문득 지쳐갔던 이유는 부끄러웠기 때문이다. 회사 일이라는 것이 대개 그렇듯 상대를 자극하는 말도 해야 하고, 옳지 않은 일을 시켜야 하고 적당히 눈감을 줄도 알아야 한다. 그러지 않으면 소위 말하는 사회생활을 할 수 없다. 다들 그렇게 돈을 벌며 자위하고, 사랑하고, 자식을 키우고, 재산을 불리고 있었다. 나는 그런 모든 게 싫었다. 괴롭혀서 번 돈으로 효도하고, 감정을 상하게 해서 번 돈으로 자식에게 훌륭한 사람이 되라고 교육하는 모습에서 느낀 괴리감이 컸다. 나는 그렇게 살고 싶지 않았다. 돌아보면 아마 모두 비슷한 심정일 텐데 나만 뛰쳐나왔으니, 나의 가벼움과 무책임을 탓할 뿐 잘못한 사람도 나쁜 환경도 없다는 것을 알고 있다.

> 여행은 내가 세상에 어떤 모습으로 나설지에 대해 생각하게 만들었어. 우리는 모두 나라, 인종, 민족, 또 자기 자신을 대표하잖아. 난 내가 누구인지 어떤 사람인지 세상에 전하고 싶어. 내가 나인 게 미안하지 않고 좋은 사람이 될 수 있도록 노력하고 싶어. 여행을 하면서 사회가 날 어떻게 볼까 고민하는 대신 좀 더 나를 인정하게 됐다고 할까….
>
> -『On the Road』

항상 떳떳하면 좋겠지만 그럴 수 없는 것이 인간이다. 사실 우리는 본래 선한 사람이고, 할 수만 있다면 항상 좋은 사람이고 싶다. 하지만 세상이 우리를 그렇게 내버려두지 않는다. 그러므로 당신의 부끄러운 사정까지 오롯이 안아줄 수 있는 사람은 자신뿐이다. 스스로를 칭찬하고 다독일 수 있다면, 더 이상 두려워하지 말고 하고 싶은 일 정도는 말해보자. 나이가 몇 살이든, 빚이 있든, 처한 환경이 어떻든 상관없다. 그냥 말이라도 해보는 거다. 지금까지 열심히 살아온 당신이라면 그 정도 자격은 있다.

누가 더 행복할까

서른 살에 취업해서 30년 동안 일하는 사람과 서른한 살에 직장을 구해서 29년 동안 일하는 사람 중에 누가 더 넓은 집을 가지게 될까?

정년퇴직을 한 사람과 한두 해 먼저 스스로 다음 삶을 찾아 간 사람 중 마지막까지 인생을 즐기는 사람은 누구일까?

초등학교에 들어가기 전부터 영어 인사를 하는 아이와 열 살이 되어서야 알파벳을 배운 아이 중에 누가 더 행복할까?

한국 또는 대만의 학생들은 너무 많은 시간을 공부하는 데만 소비하기 때문에 실제 인생 경험은 부족한 것 같아. 또 치열하게 공부하는 이유도 학문 자체가 목적이 아니라 좋은 직장을 얻기 위한 발판인 듯해. 만약 내가 공부를 더 하고 싶다면 순수하게 학문에 대한 호기심과 공부하는 즐거움 때문일 거야. 한국 학생들처럼 좋은 직장을 위해 공부하진 않아.

-『On the Road』

1년 먼저 취업했으니까 1년 먼저 그만둘 수 있는 사람이 있을까? 정년까지 버티는 게 목표가 아니라 그다음 삶을 기대하는 사람은 얼마나 될까? 알아야 할 것을 알아야 할 때에 맞춰 배우는 게 늦은 걸까?

건강하게만 자라달라는 축복과 함께 아이의 이름을 짓던, 그 마음은 지켜지고 있을까. 우리의 아이들은 지금, 사각의 차가운 공간에서 종일 정자세로 앉아, 창의력과 꿈을 거세당하고 있는지도 모른다.

1, 2년 늦게 대학 가는 게 뭐가 문제죠? 인생을 길게 봐야 돼요. 중요한 건 햇수가 아니라 내가 지금 무엇을 하고 있는지 어떤 마음으로 하고 있는지 아는 것이에요.

-〈On the Road〉

처음 손잡은 날 밤, 그 온기를 기억하며 심장이 새파랗게 뛰던 사춘기의 사랑은 어디로 갔을까. 이제는 직장과 집안과 형제를 따지면서, 상대방은 조건보다 인성 먼저 봐주기를 바란다.

"너희들은 인생을 즐기면서 행복하게 살아라. 우리처럼 고생하지 말고."라고 말하면서, 일흔이 넘은 나이에도 악착같이 아껴 쓰고 늦게까지 일하는 부모 앞에서 속 편한 자식이 있을까.

우리는 잘 살아야 한다고 생각한다. 잘 살고 싶다는 바람을 넘어 잘 살아야 한다는 강박에 쫓긴다. 자신이 생각한 생활 수준에 이르지 못하면 삶을 불행한 것으로 치부한다.
- 『언제나 써바이 써바이』

행복하게 살기 위해서 필요한 돈과 시간이 얼마만큼인지 명징하게 짐작할 수 있는 사람. 그만큼 벌기 위한 직업을 선택하고 일하는 기간을 정할 수 있기를. 쓸 만큼 벌었다면 더 이상 초조해하지 않고 삶을 즐길 수 있는 용기. 상대방의 장점을 계속해서 발견하고 칭찬하는 연인. 삶의 소소한 행복을 즐기는 모습을 보여줄 수 있는 부모.

우리가 아무것도 할 줄 아는 게 없는 어린 나이일수록 이런 사람이 되라고 배웠다. 하지만 자라면서 어떤 것은 잘하고 어떤 것은 못하게 되었고, 자식에게 등수가 매겨지는 것을 본 부모는 참지도 기다리지도 못한다. 아이를 위해서라는 미명 아래 아이의 가능성으로 예측하고 미래를 재단하기 시작한다. 앞으로 무엇이 되어야 하는지, 가져야 할 것이 얼마나 비싼지, 어떤 친구와 어울리는 게 좋은지, 누구를 선택해서 사랑해야 하는지 정해줄 뿐이다.

누구를 만나 결혼하고 아이를 갖는 것도 좋겠지만 그보다 중요한 것은 내가 원하는 일을 하는 거야. 그럴 수 없다면 누굴 만나든 행복할 수 있을까?
- 『뉴욕, 뉴요커』

우리 어른들이 답을 알면서도 틀리게 가르치고 있다고 생각하지는 않는다. 다만 우리가 정답이라고 생각했던 것이 미래에는 오답이 될 수도 있으며, 아이들은 정답을 배워야 할 존재가 아니라 스스로 찾아가야 할 존재다.

어쩌면 우리 아이들은 어른이 결코 볼 수 없는 가능성을 가지고 있는지도 모른다고, 때로는 덜 가르치고 덜 정해주는 것이 더 좋은 가르침이 될 수 있다고, 이 말을 하고 싶다.

> 내 템포대로 갈 수 있을 것 같았어요. 한국에서는 대학을 졸업하면 직장을 구하고 다음에는 결혼하는 식으로, 어떤 나이에 무엇을 해야 한다는 틀이 있잖아요. 뉴욕에는 그런 강요가 없어요. 뉴욕은 사람을 자율적으로 만들어요. 남들이 강요하는 틀에 맞추지 않고 내가 원하는 틀을 만들 수 있는 거죠.
>
> -『뉴욕, 뉴요커』

파열

부럽다고 한다. 여행하면서 한가롭게 사는 게 좋아 보이고, 밝은 표정으로 방송에 나오는 모습은 자랑스럽고, 강의하는 모습은 멋지다고. 당신처럼 용기 내서 얽매이지 않는 삶을 살아보고 싶다고, 요즘 세상엔 자유롭게 사는 것도 괜찮은 거 같다는 이야기도 가끔 듣는다. 아마 어지러운 사정을 알고 나면 말을 주워 담고 싶겠지만, 어차피 부러움보다는 걱정과 격려가 더 많이 담긴 말이라는 걸 잘 알고 있다.

그러니 사람들이 부러워하는 것은 어느 한 순간의 나일뿐이고, 그때를 제외하면 사람들이 날 부러워할 일은 없다. 그러니 내가 속 편안히 산다고 말하지 말라. 다른 사람들에겐 잠시 부럽다가 말 여행자는, 가끔 나도 어찌할 바 모르는 야릇하고 짓궂은 내 운명이다.

-『방콕여행자』

처음 몇 년 동안 내가 뭘 하는 사람인지 고민하느라 잠을 설쳤다. 할 수 있는 일도, 해야 할 일 조차 없다. 시간은 너무 많이 남고 모든 건 불안하다. 불안해서 같은 생각을 하고, 다시 생각하면 더 불안해져서 잠을 잘 수가 없다. 불면이 잦아질수록 자야 한다는 강박은 심해지고, 잠들지 못할수록 불안과 강박에 시달린다. 새벽이 깊어지면 이제는 자야 한다며 자리에 눕지만, 아침까지 잠들지 못하고 뒤척이는 고통은 말로 하기 힘들다. 모든 것이 다 꼬여가는 기분. 이런 악순환을 단번에 해결해준 건 선배의 충고였다.

"왜 자려고 하니? 잠이 안 오는데."

그때부터는 퀭한 눈을 한 채로 졸릴 때까지 영화를 보고 책을 읽고 음악을 들었다. 라면이 먹고 싶으면 새벽 4시라도 끓였고, 걷고 싶으면 나가서 산책했다. 며칠 만에 자기도 하고, 한낮에 의자에 앉아 졸 때도 있다. 하루에 한 번 자야 한다거나 밤에 자야 한다는 생각을 비틀고 나니 모든 것은 단순하다. 아침에 먹어서 아침이 아니라 첫 식사를 하면 아침이다. 큰 컵이라도 소주를 담는 잔이 소주잔이고, 알려지지 않았더라도 내가 좋아하는 음악이 최고다. 주류냐 비주류냐 중요한 게 아니라 일단 벗어나기, 때로는 벗어날 수 있어야 한다.

구속에서 벗어나고 싶어서 선택한 게 여행이었다. 운이 좋아 여행으로 잠깐이라도 밥벌이를 하게 됐지만, 그것마저 구속이 되어간다고 느꼈다. 그나마 들어오던 일도 무시해버렸더니 상황은 점점 어려워져 갔다. 이제는 여행과 작가 사이에 애매하게 걸쳐져 있어 아무도 찾지 않지만, 이제야 알 거 같다. 내게 가장 큰 구속은 바로 자신이었다.

　내가 세웠던 알량한 가치가 눈과 마음을 닫았고, 기회마저 알아보지 못하게 한 것이다. 티끌만큼도 이루지 못한 내가 어떻게 여행과 글에 대해서 이토록 집착하고 있단 말인가. 이 책을 쓰고 있는 지금도 마찬가지다. 내가 함부로 이야기하고 있는 게 아닐까 하며 하루에도 몇 번씩 펜을 내려 놓아야 하는지 고민한다. 하지만 마지막이 되더라도 지금은 써야겠다. 지금은 이것이 내가 해야 할, 나의 일이기 때문이다.

> 내 멋대로 살겠다는 사람치고 대충 살아가는 사람은 없는지도 모른다. 멋대로 살겠다는 사람은 자기 손으로 자기 삶을 가꾸겠다는 것이다. 내 길을 가다가 맞는 위기는 버티는 수밖에. 젖 먹던 힘까지 다 써 가며 버티다 보면 문제는 어떻게든 해결된다. 난 뉴욕에서 버티는 법을 배웠다. 내가 뉴욕에서 뉴요커들을 만나면서 받은 열정이란 에너지가 당신에게 전해지기를. 당장 뉴욕에 갈 수 없는 사람들이 이 책을 보면 좋겠다.
>
> 　　　　　　　　　　　　　　　－『뉴욕, 뉴요커』

　무엇이 가장 힘들었는지 묻는다면, 하루에도 몇 번씩, 계속해서 자신을 의심하게 되는 병이라고 대답하겠다. 그 때문에 무기력해져서 너무 많은 시간을 낭비하는 게으름을 합병증으로 얻었다. 나는 오래 투

병 중이다. 내가 어떤 사람이 될 지 알 수 없지만, 한 가지는 믿는다.

　한 청년이 있었고 그는 여행가나 작가가 되려 했다. 결국 그가 얼마나 그 꿈 가까이 닿았는지는 알 수 없지만, 그는 여행가나 작가라면 젊은 시절에 한 번쯤 겪을 만한 파열에 맞서봤다. 청년은 그것만으로 자신만의 예술을 한 것이다.

> 좋은 작품은 사람을 움직이는 에너지를 갖고 있어. 좋아하든 싫어하든, 눈물이 나든 분노하든, 무엇이든 누구나 느낄 수 있어. 음악을 연주하든, 노래를 하든, 음식을 만들든, 아이를 키우든 그 안에 깊이 다가가 무엇인가 짠한 걸 느낀다면 그게 중요한 거 아냐? 새들이 울고 바람이 불고 나뭇잎 색깔이 변하는 게 예술 아냐?
>
> 　　　　　　　　　　　　　　　　－『뉴욕, 뉴요커』

계획

여행이 각인되는 순간은 모두 특별하다. 패키지여행, 자유여행, 커플여행, 가족여행, 혼자여행, 장기여행 등 형태와 관계없이 우리가 계속 떠들게 되는 여행의 장면은 크게 두 가지 경우다.

첫 번째는 황금을 내려놓고 솜사탕을 쥐는 기분을 따르는 것이다. 즉흥적인 여행은 대부분 성공한다. 두 번째는 예기치 못한 일이 일어난 순간이다. 황당무계하더라도 무슨 일이든 일어난다면, 그 에피소드는 오래 기억된다.

나는 여행 중에 이렇게 엉뚱한 일과 마주치기를 바란다. 빡빡한 일정이지만 여유롭고 싶은 마음. 계획은 세우지만 계획대로 되지 않길 바라는 마음. 네티즌이 추천한 명소를 가면서 다른 여행자는 몰랐으면 하는 마음. 여행의 딜레마다.

누군가 스타벅스를 뉴욕의 매력으로 기억한다면 그는 충실히 관광객의 동선에 머물렀을 뿐이다. 기계적이고 경험복제적인 그 동선에서 벗어날 때 진짜 뉴욕 여행은 시작된다.

뉴욕 여행법은 모두가 다르다. 혼자 걸어 다니며 뉴욕을 볼 수도 있고, 관광객을 위한 빨간색 이층 버스를 타고 뉴욕을 볼 수도 있다. 따뜻한 햇살을 받으며 이층 버스에서 바라보는 뉴욕은 영화 속의 뉴욕과 크게 다르지 않을 것이다. 하지만 그건 뉴욕의 표피일 뿐이다. 이층 버스 안에서 당신은 이곳에 사는 사람들, 뉴요커는 한 사람도 만나지 못할 것이다. 뉴욕에 와서 사람들과 만나지 않거나 이야기해 보지 않고서는 뉴욕에 대해 알 수 있는 건 하나도 없는지도 모른다. 진짜 뉴욕은 이층 버스나 가이드북 바깥에 있다.

-『뉴욕, 뉴요커』

술자리에서 태백산에 가기로 약속했지만, 다음 날 저녁 해운대역에서 출발하는 무궁화 기차를 일곱 시간 동안 탄 것은 나와 친구, 단둘이었다. 벌써 십오 년이 넘게 지난 일이지만 삼각형 모양이던 태백역 앞의 싸구려 여관방, 위치까지 생생하다.

이 땅에서 가장 맛있는 장어를 먹겠다고 새벽 두 시에 고창으로 차를 몰던 밤. 톨게이트를 지나면서 헤드라이트의 열병식이 그렇게 아름답게 보일 줄이야. 해 뜨기 전에 도착한 여관에서 꾸벅 졸던 야릇하고 뿌옇던 아침. 잠깐 눈을 붙이고 먹었던 장어의 맛을 어떻게 전할 수 있을까.

느닷없이 여행에 끼어들었던 사건과 사고, 그것이 결국 해결되고,

여행은 꾸역꾸역 이어진다며 하늘을 보고 속없이 웃던 순간. 내 여행에 조연으로 와서 함께 주연이 되어준 길 위의 인연을 잊을 수 없다.

> 나는 간혹 달랑 지도만 들고 숙소를 나선다. 진리는 나를 자유케 하지만 정보는 나를 옭아매기 십상이다. 때로 가이드북은, 자유로운 영혼이고 싶은 여행자를 가이드북의 동선 안에서 패키지관광객처럼 만들어버린다. 1990년 후반에는 정보의 질을 떠나 정보 자체가 귀했다. 정보를 구하느라 하이텔 단말기 앞에 앉아 밤을 지새웠다. 요즘은 정보가 너무 많아 문제다. 정보는 여행을 카피하게 만든다. 게다가 그 정보가 다 양질인 것도 아니다.
>
> ―『떠나고 싶을 때 나는 읽는다』

계획의 완성도를 확인하기 위해서 여행을 하는 게 아니라면, 본능이 날뛸 수 있는 여지는 남겨 두어야 한다. 계획대로 되지 않도록 계획하는 게 가장 좋은 계획일 수도 있다.

계획할 때와 여행할 때는 다른 사람이 되어야 하는 것이다.

가난

돈과 행복이 무관하다고 할 수는 없다. 하지만 돈이 행복을 책임지는 것은 아니며, 행복하지 않은 이유가 비단 돈 때문인 것은 아니다. 물론 돈이 많으면 더 쉽게 행복해지기도 하지만, 돈이 있을 때조차 불행했던 경험을 하나쯤은 가지고 있을 것이다. 돈과 행복의 상관관계는 자신에게 달렸다. 많이 가진 사람이 덜 가진 사람은 불행할 것이라고 짐작하거나, 부족하지 않을 만큼 가진 사람이 더 가지기 위해서 균형을 깨뜨리지 말아야 한다.

밥을 굶으면서도 행복할 수 있다고 말하는 게 아니다. 밥을 굶지 않아도 되고, 잠잘 수 있는 집이 있고, 돈을 벌 수 있는 일이 있다면, 그 순간부터는 마음의 문제가 중요해진다.

-『언제나 써바이 써바이』

사람마다 욕구는 다르다. 욕심이 크다고 민망해 할 것도, 작다고 검소하다 여길 필요는 없다. 자신의 욕심만큼 노력하는 것이 중요하다. 남의 시선으로 허전함을 채우거나, 남 눈치 보느라 만족할 수 있는 기회를 놓치지 말았으면 한다. 무엇인가를 소유한다면 물리적인 필요나, 건강한 성취감을 위해서여야 한다. 상대적 기준으로 물질을 쫓으면 끝없는 박탈감에 시달리게 된다.

> 사람들은 항상 무언가 원하는 바를 품고 살아. 물론 나도 원하는 걸 갖고 싶은 소유욕이 있지. 하지만 여행을 통해 그런 욕구가 인생에서 결코 중요한 게 아니라는 것을 알게 됐어. 항상 무엇인가를 바라거나 소유하지 않고도 순간순간을 행복하게 살 수 있다는 걸 알게 된 거야.
>
> -『On the Road』

처음 여행할 때는 등 뒤로 65리터 배낭, 앞으로는 기내용 배낭을 하나 더 멨었다. 그 속에는 전기 포트와 삼각대, 계절별 옷의 여분까지 가득했다. 하지만 얼마 뒤 인도에서 기내용 배낭을 국제우편으로 보냈고, 남은 물건은 하나씩 팔거나 나눠주기 시작했다.

지금은 한 달 동안 여행하더라도 기내용 배낭 하나를 채우지 못한다. 팬티와 티셔츠 세 장, 반바지 두 장, 긴바지 한 장, 운동화와 조리, 바람막이가 짐의 전부다. 속옷은 매일 샤워할 때 손빨래를 하고, 세제와 세면도구는 일주일 분량씩 현지에서 구입한다. 비가 오면 우비를 사고, 다치면 현지 약국에서 산 약을 바르고, 기온이 심하게 달라질 때는 다른 여행자와 옷을 바꿔 입거나 곧 버릴 수 있는 값싼 옷을 산다. 이렇게 해도 여행은 잘 굴러간다. 오히려 편하다. 꼭 가지고 돌아가야 할 것은 몇 가지 안 되기 때문에, 많이 가진 사람보다 더 많이 나눠줄 수 있다. 잃어버린다고 여행을 휘청거리게 할 물건이나 망가진다고 가슴을 쓰리게 할 물건이 없기 때문이다.

여행 중에 작은 배낭 하나만 가지고 다닌다고 해서 아무도 가난한 사람이라고 생각하지 않는다. 낯선 곳에서도 그 정도면 충분한데, 한국에서 필요한 것이 유별나게 많을 리는 없다. 그래서 필요한 것을 필요한 만큼만 가지려고 한다. 이런 마음을 가난하다고 손가락질하는 사람은 단 한 번도 보지 못했다.

> 우리는 깨끗한 물 아니면 안 되고, 더울 때 에어컨 없으면 안 되고, 오래 살아야 하잖아요? 그런데 아흔까지 사는 게 쉰까지 사는 것보다 행복할까요? 깨끗한 물이 중요하지 않다는 말은 아니지만, 내가 깨끗한 물을 먹을 수 있어서 그렇지 못한 사람보다 행복할까요? 내가 만난 시골 사람들은 깨끗한 물 먹을 수 없지만 웃어요.
>
> ─ 『언제나 써바이 써바이』

세상은 매일 발전해서 더 가볍고 빠르고 편리한 것이 쏟아진다. 하지만 그것이 지금까지 좋았던 것을 무겁고 느리고 불편한 것으로 만든다. 새로운 것을 소유하고 지키려면 결국 더 일하는 수밖에 없다. 우리가 일하는 데 들이는 것은 노동이 아니라 무엇과도 바꿀 수 없는 소중한 시간과 감정이다.

처음 인도를 여행할 때는 그곳의 가난한 사람들을 보면서 나는 가난하지 않다고 위안을 삼기도 했다. 하지만 현지인을 가난하다고 불쌍하게 바라보는 건 여행자들의 편견일 뿐이다. 가난과 슬픔 속에서도 기쁨이 있다. 하루에 수백불짜리 호텔에서 잠을 자도 마음은 가난할 수 있다.

- 『On the Road』

여행을 하면서 남루한 옷을 입고 잘 씻지 못한 사람들이 사는 곳을 많이 다녔다. 그 속에 있는 나는 작은 배낭을 멨다고 하더라도, 한눈에 알아볼 수 있는 부유한 여행자였다. 아무리 가지지 않았다고 해도 기본적으로 내가 가진 것은 웬만한 문명의 이기를 압축한 것이었다. 안타깝고 측은한 심정. 마음이 불편했다.

하지만 가난을 바라보는 내 시선이 있을 뿐 가난의 실체는 자주 나타나지 않았다. 분명히 덜 가졌지만 그래서 불편하고 위험하지만, 그게 가난은 아니었다. 사실 덜 가졌다고 생각하는 것조차 나의 일방적인 생각일 뿐이다. 이방인인 나만 안절부절못하고 있었다.

사람들은 항상 '써바이 써바이'해요. 써바이는 '행복하다, 즐겁다'는 말이에요. 아이들도 매일 '써바이'하냐고 물어요. 프놈펜 갔다 와서 써바이? 오늘 우리 가르쳐서 써바이? 친구 와서 써바이? 아니, 뭐가 그렇게 매일 써바이하냐고? 항상 좋다, 행복하다, 예쁘다고 말해요. 처음에는 나 있을 때만 그러는 줄 알았는데 자기들끼리 얘기할 때도 항상 써바이하다고 해요.

- 『언제나 써바이 써바이』

안타까워하는 것도 불쌍하다며 우는 것도 실례다. 그런 마음을 가지고 여행하면 언행으로 드러날 때가 있다. 그것이 따뜻함으로 전해지면 다행이지만, 동정으로 오해될 수 있기 때문에 잘 살펴야 한다. 가장 조심해야 할 것은 가난을 몰랐던 사람에게 가난이라는 개념을 일깨우는 것이다. 부끄럽지 않게 살던 사람들에게 수치심을 일으킬지도 모른다.

그래서 이미 혼란을 겪은 여행자는 자기 하나 좋으면 그만이라는 듯 행복하자고 웃고만 다닌다. 그 웃음에는 그동안 앞서 울었고 미안했던 모든 것이 들어있다.

배낭여행

나는 배낭여행을 계속하고 싶다. 호화로운 여행을 할 수 있을 만큼 돈이 많아지거나 나이가 들어도 마찬가지다. 배낭여행은 짐의 크기나 여행경비를 함축하는 것이 아니라, 여행의 방식을 말한다. 남을 탓할 수 있는 구조가 애당초 없는 게 배낭여행이다. 호된 더위에 열사병이 걸리더라도 더운 곳으로 간 내 탓이고, 연착된 기차를 놓쳐도 어리숙한 내 탓이다. 에어컨이 고장 나면 참거나 고쳐달라고 하거나 방값이라도 깎아야 하는, 내 능력만큼 되는 게 배낭여행의 매력이다. 무엇이든 맞닥뜨린 다음에 나아지기 위해 노력하는 사람이 배낭여행자다.

이런 여행이 어렵다는 사람이더라도 이미 배낭여행처럼 일상을 살고 있다. 아플 때 스스로 이마 위에 수건을 올리거나 병원을 가고, 처음 가는 곳에서 휴대폰 지도로 길을 찾고, 점심으로 뭘 먹을까를 고민하며 사는 평범한 하루가 바로 배낭여행이다. 특별히 깨끗하고 편하고 친절해야 한다는 특별한 요구만 아니라면, 배낭여행은 곧 일상인 것이다.

> 배낭여행은 가난한 나라로 가는 여행이 아니다. 여행의 한 가지 스타일일 뿐이다. 꼭 배낭을 메고 가야 배낭여행인 것도 아니다. 슈트케이스보다는 어깨에 메는 배낭이 자유롭고 편하기에 배낭을 선호하는 것뿐이다. 이런 의미에서는 배낭여행이라는 말보다 자유여행이란 말이 더 적당하다.
>
> －『On the Road』

서른 중반인 나는, 게스트하우스에서 나이 든 여행자다. 휴학생, 사회초년생의 들끓는 눈동자를 볼 때마다 내 마음은 들뜬다. 싱그러운 숨소리로 달콤한 호흡을 뱉는 그들의 여행이 무사히 끝나고 앞날이 반짝반짝 빛나길 바라게 된다. 나도 조금 일찍 여행을 시작했다면 더 좋지 않았을까 생각하지만, 아쉬움이 크진 않다. 만약 그랬더라면 몇 가지 추억을 더 많이 만들었을 수도 있지만, 지금의 나이에 얻는 포만감은 같았을 거 같다. 나는 이미 서른쯤에 발현할 씨앗을 가지고 있었다고 생각한다.

정작 내가 부러워하는 건 중장년의 배낭여행이나 연인과 함께하는 장기여행이다. 젊을 때는 혼자 여행하는 데 충분한 체력과 얇은 지갑으로도 낭만을 탐미하는 순수가 있다. 그것을 잘 지키면서 중년의 노련미까지 더해진다면 얼마나 황홀할까. 여행만 생각한다면 빨리 늙고 싶을 정도로 중장년의 배낭은 품격이 고상하다. 아이를 대학에 보냈을 거 같은 중년 또는 백발의 남녀가 손을 맞잡고 각국의 젊은이들이 모인 여행자 거리를 걷는 모습은 정말, 우주의 신비로움을 모두 담은 것처럼 경이롭다. 비록 그들의 눈가에는 주름이 졌지만, 눈동자는 늙지 않았다.

배낭여행은 대개 청춘의 전유물처럼 여겨진다. 하지만 배낭여행은 중장년 여행자들에게 더 잘 어울리는지도 모른다. 낯선 세상을 받아들이는 깊이가 오로지 나이에 따라 달라진다고 할 순 없지만, 여행을 하면서 다른 세상을 대하는 시선만은 연륜에 따라 달라질 수 있기 때문이다.
- 『떠나고 싶을 때 나는 읽는다』

연인의 배낭여행이 부러운 이유는 그들의 배낭 속에 서로를 위한 물건이 하나쯤은 들어있기 때문이다. 자신을 위해서 필요한 물건도 줄이고 줄이는 여행자의 배낭에 누군가를 위해 흔쾌히 자리 잡는 물건이 있다면 그 여행은 분명 행복할 것이다.

돈이나 영어가 큰 문제가 아니라고 해도 장기여행을 어렵게 느끼는 건 '장기여행'이란 말부터가 낯설기 때문이다. 장기여행은 별나거나 잘난 사람만이 할 수 있는 건 아니다. 조금 더 오래 여행을 하는 것뿐이다. 해보면 아시아 대륙을 가로지르는 일도 별것 아니라는 걸 알게 된다.
(중략)
당장 떠나지는 못하더라도 하루에 1만 원, 2만 원이면 할 수 있는 여행을 불가능한 꿈이라고 말할 수는 없지 않은가.
- 『On the Road』

여행을 한다고 하면 그 많은 돈은 어디서 났냐고 묻는 사람들이 많다. 나는 그럴 때마다 이렇게 말한다.

"여기서 한 달 생활비면 한 달 여행을 할 수 있어요. 둘이 간다면 더 절약되지요. 방을 같이 쓰고 음식은 나눠 먹으니까요. 아, 그리고 당신 통장에는 이미 세계일주나 장기여행을 할 돈이 있어요. 아파트를 한 평만 줄여도 되지요. 한 평 더 넓은 집에 살면 그것 때문에 행복할까요? 사람들이 부러워할까요? 그런데 둘이 손잡고 한두 달이라도 장기여행을 한 번이라도 다녀온다면 평생 할 수 있는 이야기가 생길 거예요. 그건 집보다 오래 남아있어요. 당신의 아이는 한 평 넓은 집이나 비싼 차보다, 여행할 줄 아는 부모님을 자랑스러워할 거예요."

4부
외로움

외로움

매섭게 추운 늦은 밤, A와 그의 집에서 나오며 "참 순한 사람이지?" 라고 이야기 했다. A 역시 "네, 참 순한 사람이네요."라고 대답했다. 그의 집에 드나들 때면 간혹 그의 팬이라고 말하는 사람을 데려가기도 했다. 그럴 때마다 그는 단 한 번도 거절하지 않고 차와 음식을 넉넉하게 내줬다.

2015년 5월, 나는 15년 동안 간직해온 오랜 꿈이었던 인도를 여행했다. 처음 하는 장기여행이었고, 책을 내기 전이었다. 평범한 여행자 중 한 명일뿐이다. 내 멋대로 찍은 사진과 글을 페이스북에 업로드하며 여정을 이어 나가고 있을 때, 그로부터 메시지가 왔다.

'인도에 계시는군요! 여기는 하와이 빅 아일랜드의 코나입니다. 바다를 바라보며 소식을 듣는데 문득 오랜 여행자가 된 당신을 위해 화이팅을 외쳐야겠단 생각이 드네요! 저도 서른에 인도 어디쯤을 돌아다니다가 그 후로 자주 갔었지요! 부디 긴 여행 행복한 마음으로 좋은 마음으로 바라보게 되길 빕니다. 당신 앞에 나타난 모든 것에 정성을 다 하길 바랄게요! 건강한 여행 하세요! 전 이제 이곳 바다에서 마지막 남은 며칠간의 백수 생활을 마치고 돌아갈 겁니다.'

변종모 작가다. 인도로 떠나기 직전까지 그의 인도 여행에세이이자 첫 책인 『짝사랑도 병이다』를 읽었기 때문에 나는 놀라지 않을 수 없었다. 아아, 작가의 작품은 외롭지만 작가의 글은 외롭지 않구나. 많은 페이스북 사연 중에 잘 알지도 못하는 어린 친구를 위해 메시지를 남겨 준 작가의 정성이 고마웠다. 좋아하던 작가의 응원으로 여행을 잘 마칠 수 있었다.

여행에서 돌아와 첫 책이 출간될 때쯤 변종모 작가를 찾아갔다. 처음에는 대학로 카페에서 만났지만 다음부터는 그의 집으로 발걸음이 이어졌고, 때로는 첫차가 다닐 시간이 되어서야 돌아오곤 했다. 그는 버릇처럼 "나처럼 살지 말고 너는 더 잘 살아야 한다."라고 말하지만, 나는 그때마다 당신처럼 살고 싶다고 대답한다. 진심이다. 하지만 내게는 그만한 재능이나 부지런함이 없다. 그럼에도 여전히 그를 닮고 싶은 것은 세상에 대한 해석이다. 그의 책을 읽고 그와 대화하다 보면 그는 스스로를 외롭게 만드는 것 같다. 상대를 오래, 깊게 바라보기 때문이다. 그렇게 바라볼 때 외롭지 않은 것이 세상에 어디 있을까. 어쩌면 그는 외롭지 않은 사람인지도 모른다. 그저 순한 사람.

우리가 어둠을 두려워하는 것은 밝음에 익숙하기 때문이지, 어둠의 문제가 아니다. 외로움이라는 감정도 마찬가지라는 생각이 들 때가 있다. 간혹 우리는 혼자 있을 때, 공허해서 눈물이 날 때 한 마디씩 굵어지기도 한다. 어쩌면 외로움은 살아가는 데 꼭 필요한 면역인지도 모른다. 그래서 그의 시선이 담긴 글은 누군가의 생을 병들지 않게 만드는 힘이 있다고 믿는다.

고백으로 전하는 위로

　책장을 반대로 넘겨 되짚어 읽어야 할 정도로 작가의 글은 긴 호흡이 필요했다. 책을 잘 읽지 못하는 내가 감당하기에는 유독 글이 많았기 때문이기도 하지만, 실은 책장의 무게를 견뎌야 했기 때문이다. 페이지를 무겁게 한 건 활자가 가리지 못하는 부분까지 빼곡히 채운 진솔함이다. 참 많은 이야기와 당시의 감정을 적나라하게 썼다. 거기서 그치는 게 아니라 내면의 충돌과 성찰까지 빼놓지 않는다.

　처음에는 독백으로 여겼다. 자신의 경험과 사연을 가감 없이 광장에 털어내는 마음이 후련할지 부끄러울지 알 수 없지만 여행의 미화, 지나친 겸손, 공감이나 행동의 강요가 느껴지지 않아서 참 순하다고 생각했다.

　다음에는 고백 같았다. 반성과 자책을 오로지 자신에게 자신의 언어로 이야기하는 동시에 누군가에게 들려주려는 배려를 느낄 수 있었다.

이제는 위로를 받는다. 앞서 고백한 사람이 있다는 건 다행스러운 일이다. 그가 먼저 혼자 되는 시간을 바라고 떠난 덕분에 나는 유별나지 않은 사람이 될 수 있었다. 이별의 아픔을 형용한 표현을 훔쳐 쓰면서 내 감정을 헤매지 않았다. 부모에 대한 마음의 짐을 숙명처럼 말해주었을 때, 나도 응어리 하나를 꺼낼 용기가 생겼다. 그리고 외롭다고 해줘서, 나는 한 명 만큼 덜 외롭다.

여행은 아름답지만 여행자는 늘 혼돈 속에서 여행을 이어간다. 여행이 길어질수록 지난날을 회상하며 새롭게 알게 된 생경한 자신과 씨름하게 된다. 나도 그랬다. 그럴 때 변종모 작가의 문장은 고백이며 위로가 된다. 허투루 하는 위선이 아니라, 신중하게 고른 단어에서 치유를 얻는다. 여행에서 돌아온 일상에서도 마찬가지다.

당신도 누군가의 고백을 읽으며 후련해지기를.
그리고 더 이상 혼자 외롭지 않기를.

외롭지 않은 외로움

어느 날 밤, 나는 여지없이 취해서 마지막 버스를 탔다. 금방 잠이 들었고 잠깐 의식이 들 때마다 낯선 거리를 확인한 후 곯아떨어졌다. 다시 눈을 떴을 때는 익숙한 동네라서 서둘러 내렸다. 하지만 내가 사는 곳이 아니었다. 간신히 정신을 챙겨서 택시를 잡았다.

막차에서 잘못 내렸다고, 잘 들어가고 있다고, 걱정하지 말라고, 그렇게 안심시키려고 휴대폰을 꺼냈지만 아무것도 누를 수 없었다. 걸 수 있는 전화번호가 없다는 걸 퍼뜩 깨달았다. 그런 사람이 사라진 지는 벌써 몇 개월. 나는 택시 안에서 더 이상 졸지 않았다. 그때 내가 느낀 것은 허전함이 아니라 외로움이었다. 혼자임을 인식하는 감각이 마침내 켜진 것이다.

혼자 쓰기엔 너무 넓어져버린 소파와 내 것이 아닌 칫솔과
당신이 누워야 할 만큼의 공간, 그리고 당신이 정리해주겠다

고 미뤄뒀던 사소한 것들을 이제 아무도 모른다. 당신의 덧
니도 눈 밑의 점도 내 것처럼 바라보지 못한다. 모든 것이 독
백처럼 외로워지기 시작했다.

- 『여행도 병이고 사랑도 병이다』

집에 오자마자 씻지도 않고 책을 꺼내 읽었다. 외로움이 묻어 있다고 생각했던 문체에는 외로움이 없었다. 그러니까 내가 외롭기 시작한 뒤로 나는 외롭지 않은 적이 없고, 작가의 책은 더 이상 외롭지 않게 읽혔다. 그의 여행은 쓸쓸하고 외로웠을 거라는 내 짐작이 틀렸다는 생각이 들었다. 외로움에서 외로움을 거를 수 있는 방법, 그런 여행을 그는 알고 있다고 새롭게 짐작했다.

어렵고 긴 이름을 가진 주인은 나에게 언젠가 다시 길기트에 온다면 꼭 한번 찾아 달라는 인사를 한다. 그때는 구멍 뚫린 지붕도 말끔하게 고쳐져 있을 거라고. 순간 나는 그 감정들이 참 외롭다고 생각했다. 내가 어떤 말도 해주지 못하고 어떤 것도 할 수 없을 때. 이런 것은 참 외로운 것이구나. 많은 것을 받고도 정작 모자랄 것 없는 내가 나누어줄 것이 없다는 마음은 애틋함과는 다른 외로움 같은 것이었다.

결국 나는 어떠한 보상도 대가도 치르지 못하고 그 작은 찻집에 마음만 커다랗게 놓고 갔다. 언제 다시 찾아오게 될지 모르지만 나는 이 작고 낡은 찻집을 기억하게 될 것이다. 나의 외로운 시간과 외로운 마음을 달래려 왔다가 또 다른 외

로움을 느끼고 마는구나. 그래도 이런 종류의 외로움은 참 따뜻하다.

당신들의 선한 마음이 나를 참 외롭고 따뜻하게 만드는구나.
ㅡ『여행도 병이고 사랑도 병이다』

때로는 외로움이 여행을 저지르는 최소한의 요건이 된다. 배낭의 무게를 차지하지 않지만 존재감은 선명해서, 여행 중에 불순물을 걸러주는 필터 역할을 한다. 외로움 앞에서 거짓을 지어내는 사람은 없을 것이다. 말수를 줄이고 원초적인 감각을 일깨운다. 자주 고마워하거나 미안하게 만든다. 비록 강단을 주지는 못하더라도, 스스로를 속이는 비겁함으로부터 구원한다. 그럴 때마다 자신의 세상을 넓히는 것으로 여행이 확장된다.

여행자에게 외로움이란,
그것마저 기꺼이 여행해야 하는 것이다.

여행의 교수법

오래 여행하면 초심을 잃어버릴 때가 있다. 왜 여행을 하고 있는 건지, 이게 여행이라고 할 수는 있는 건지, 이 여행은 어떤 의미가 있는 건지, 당장 집으로 돌아가야 하는 건 아닌지.

길 위에서 써버린 시간과 돈은 본전 생각을 하게 만들고, 기회비용까지 재보면 초심은 금세 무너진다. 제쳐뒀던 불안감과 자책감이 불쑥 나타나 약해진 마음을 점령한다. 그럴 때면 맥없이 두들겨 맞는 수밖에 없다. 그런데 불안과 자책은 여행이라는 일탈에만 있는 게 아니라, 선택의 반대를 생각할 때면 어디에나 존재한다.

잘못된 과거란 없다. 다만 잘못되어 가고 있는 현재가 있을 뿐. 아픈 것도 내 추억이며 슬픈 일도 내 추억인데 왜 말하지 못하고 왜 울지 못했던가? 나는 그렇게 우는 연습도 제대로 못한 채 어설픈 어른이 되어가고 있었다.

-『여행도 병이고 사랑도 병이다』

이렇게 완벽한 도피처, 이렇게 자애로운 면죄부가 있을까. 잘못된 것은 과거가 아니라 현재라는 무게중심의 이동은 훌륭한 도피가 되었다. 불안과 자책은 과거보다 현재에 있을 때 견딜만하다. 현재가 잘못되어 가고 있다는 건 아직 기회가 남았다는 것이고, 동시에 과거에 대한 면죄가 담겨 있다.

> 여행은 어떤가. 계획함으로써 이미 시작이 아닌가. 이를 테면 살아온 인생을 새로 짚어 과거와 화해할 기회를 얻는 거랄지.
> -『나는 걸었고 세상은 말했다』

여행 중에 느끼는 불안은 여행으로 극복하는 수밖에 없다. 첫 걸음에 담겼던 마음이 점점 희미해지기도 하지만, 그걸 바라고 여행을 시작한 것이기도 하다. 새로운 것을 발견하기 위해서가 아니라, 때로는 저쪽 편에 어떤 것을 털어놓고 오기 위해서 우리의 여정은 시작된다. 여행 중에 무기력해지더라도 겁내지 말라. 만약 여행의 권태에 빠졌다면 여행으로 내몰았던 과거와 화해를 시작한 것이다.

> 여행자는 늘 수많은 갈림길 앞에 서서 망설일지나 한번 들어선 길에서 후회하는 마음은 먹지 않는다. 자신의 선택을 믿고 그 선택이 쥐어주는 아주 작은 티끌마저도 길 위에서라면 모두 사랑할 준비를 하는 게 여행자다. 나머지를 포함하는 전부, 그것을 사랑하는 일에 새로운 선택을 할 때가 온다.
> -『나는 걸었고 세상은 말했다』

나는 한때 아름다운 것만 인정하고 싶었다. 하지만 그렇다고 해서 속이 편해진 적은 없다. 전부를 받아들이지 않으면, 아무것도 나아지지 않는다. 여행의 교수법이 있다면, 받아들이도록 훈련시키는 것이다. 모든 것을 스스로 결정했으므로, 어떤 결과도 차별하지 못하게 한다.

여행길에서 오래 유영하며 호흡이 가빠지는 순간이 자주 오겠지만, 그것마저 여행의 일부다. 다시 일상으로 돌아온다고 해도 상황은 마찬가지, 우리는 숨 가쁘다. 나빴던 시간에 선을 긋고 말끔히 잊으면 좋겠지만 쉬운 일이 아니다. 대부분의 속앓이는 그걸 못한 탓이기도 하니까. 그러니 좋았건 나빴건 결국 받아들여야 한다. 그러고 나서 오늘 조금 더 애쓰며 사는 수밖에 없다.

"여행을 하면 어떤 기분인가요?"라고 누군가 묻는다.
"반쯤 불안하고 반쯤은 행복하지요"라고 대답한다.
그리고 다시 말한다.
"불안하지 않으면 행복하지도 않지요."

－『아무도 그립지 않다는 거짓말』

마지막인 줄 모르고

훈자에서 묵었던 게스트하우스 주인 할아버지가 돌아가셨다. 아프셨다고 한다. 주방을 보던 H가 소식을 전했다. 젊은 나보다 더 두꺼운 손으로 내 방 여러 곳을 손보던 모습이 생각난다. 전기인두로 물을 데우는 플라스틱통 보일러를 물 묻은 손으로 살피길래, "댄저러스, 댄저러스." 하며 말렸지만 괜찮다며 고치던 모습. 아침마다 우리의 포옹. 매일 아침 "Moon, 네가 있어서 오늘 아침도 행복해."라며 몇 년 만에 보는 반가운 사람처럼 안아주던 따뜻한 품.

제로포인트 슈퍼 할아버지에게 들은 이야기로는 젊었을 때 군인이었고, 꽤 깐깐하다는 주인 할아버지. 이제 소년티를 벗은 H에게 잔소리를 많이 하는지 H의 푸념을 종종 들어줘야 했다. 그 뒤로 내 방에 간간히 오는 할아버지의 심기를 불편하게 할까 봐 늘어나는 술병에 초를 꽂아 촛대로 위장했다.

훈자에서 만난 사람들과 함께 찍은 사진을 두 장씩 인화해서 나눠가졌다. 내가 가진 사진 뒤에 이름을 써 달라고 했다. 슈퍼 할아버지, 닭꼬치 파는 아저씨, 수선집 할아버지, 나무 조각가, H와 숙소 할아버지 그리고 훈자에서 만난 여행자 모두. 이름을 알아야 멀리서라도 가끔, 고맙다고 그립다고 말할 수 있으니까.

떠나는 날 새벽. 버스정류장까지 갈 택시가 늦는다. 택시 예약을 했던 H에게 할아버지의 역정은 대단했다. 그때까지 나는 내년에 다시 올 거라고 확신했다. 미리 연락할 테니 내 방을 꼭 비워달라고 부탁했고, 다음에는 라마단이 아닐 때 오겠다고 했다.

나는 오늘 먼 곳에서 부고를 들었고,
라마단은 벌써 네 번이나 지나갔다.

뜨거운 햇볕에 방금 죽은 닭들이 상하진 않을까 걱정되었지만 오늘 나는 이 닭을 건네주고 수업도 없이 돌아설 생각이었다. 그냥 다른 도시로 옮겨야 한다는 말 이외에는 알아듣지도 못할 것이므로 어떻게 작별 인사를 해야 할지 자꾸만 걸음이 느려졌다.

나랑 상관없이 잘 살게 되겠지만 등 돌려 길을 가려니 또 눈앞이 흐려진다. 나는 그냥 닭이 담긴 봉지와 내가 산 것들을 문 앞에 두고 성큼성큼 숙소로 돌아왔다.
오늘 저녁 칸은 저녁식탁에 오른 닭 커리를 맛있게 먹으며 내 생각을 하고 있을까? 혹시 그 녀석도 나처럼 속상해하며 침대 귀퉁이에 모로 누워 베개를 적시고 있을까?
눈물이 많아졌다.

     -『여행도 병이고 사랑도 병이다』

둘이 아니라서

　나는 외로움 앞에 '지독한'이라는 말을 붙여서 메모장에 썼다. 무엇이든 충전되는 카오산로드에서 나는 모든 것이 헛헛했다. 각자의 날에 태어나서 각자의 사정이 있는, 세상 모든 인종과 종교, 다양한 색깔의 여행자가 섞인 이곳에서 달콤한 눈빛을 잘 찾아내는 게 문제였다. 다정한 연인만 보면 게걸스러울 정도로 부러웠다. 그들의 여유있는 손짓과 섬세한 표정에서 떨림과 행복을 상상했다. 그리고 이내 나로 대입했고, 그 순간 지독한 외로움이 밀려왔다.

　앓듯이 외로웠다. 그러다 문득 알게 됐다. 나의 외로움은 혼자라서가 아니라 둘이 아니기 때문이며, 모든 외로움은 당신의 부재에서 온 것이 아니라 결국 나로부터 시작된다는 것을. 오늘 밤 내가 이 거리에서 누군가를 만나 맥주를 마시고 손을 잡고 키스를 한다고 해도 나는 여전히 외로울 것임을.

> 동행 : 같은 방향으로 가는 것이 아니라 같은 마음으로 가는 것
> — 『나는 걸었고 세상은 말했다』

사랑하는 사이라고 해서 여행을 함께할 수 있는 건 아니다. 오히려 여행을 함께할 수 있다면 좋은 연인이 될 가능성이 높다. 짧은 기간, 편한 여행은 누구와도 할 수 있다. 하지만 빠듯한 예산을 각자의 우선순위에 맞게 조각내야 하고 다음 여행지를 선택하는 취향의 문제와 서로 다른 한계를 이해해야 하는 배낭여행은 시간이 갈수록 간격이 벌어진다. 그런 이유로 처음부터 혼자가 편하다고 여겼다. 여행 중에 만나는 동행과 알맞은 거리를 유지하고 적당한 시간이 지나면 헤어졌다.

> 사랑하는 사람과 기차를 타본 적이 있는가? 측면의 아름다운 풍경을 보면서 반대편 어깨를 나란히 하고 함께 달려본 적이 있는가?
>
> — 『짝사랑도 병이다』

외로움의 근원은 공유하지 못하는 데 있다. 지금 피어오르는 감정과 생각, 눈빛은 수명이 짧다. 지금이 아니면 안 된다. 이 순간이 지나면 바람 빠진 풍선처럼 탄력을 잃을 것이다. 그 전에 나누고 싶다. 간절하고 초조하다. 그래서 사랑하는 연인이 여행 파트너인 이들이 항상 부럽다.

여행이란 한곳에서 같은 곳을 바라보는 게 아니라 같은 곳을 바라보며 다른 상상을 하는 것이니까. 다만, 둘이라면 그

173

것을 공유할 수 있어서 좋다. 각자가 본 것을 서로에게 나누는 것. 혼자라면 허공에 날아가 버리거나 가슴에 묻고 있어야 할 텐데. 그 이야기를 생생하게 공유할 수 있다는 부러움이 더욱 확실해지는 밤이다.

-『같은 시간에 우린 어쩌면』

생경한 곳이 지루한 곳이 될 때까지 머무는 이유, 커다란 배낭을 메고 줄지어 버스에 오르는 여행자 행렬 앞에서 폭발하는 동질감, 시장 바닥에 종일 앉아 있으며 관찰한 이곳의 생리, 일부러 골목길을 멀리 돌아가며 본 것, 노래 못하는 밴드를 따라 술집을 옮기는 이유, 헌책방에서 봐둔 책, 오늘 같은 날은 마셔야지 할 때의 그런 날, 새벽에 볼 영화를 고르는 일, 예쁜 보조개를 가진 꼬마에 대해서, 나는 이런 이야기를 나눌 수 있는 사람이 그립다.

하지만 한편으로는 외로움을 달래주는 건 완전한 한 쌍이 아니라 흩어진 여럿일지도 모른다고 생각한다. 결국 외로움은 모두 나로부터 시작되는 것이다.

헛헛한 마음은 여전히 채워지지 않았고, 나는 버스터미널에서 갈 곳을 정하기로 했다. 전날 밤 여러 곳을 검색했다. 하지만 후보에 없던 찬타부리로 가는 버스표를 즉흥적으로 샀다. 그곳에서 체크아웃을 네 번 연장했고, 다시 카오산로드로 돌아왔다.

결혼

첫 여행을 시작한 서른 살. 늦게 시작한 여행만큼 늦게 운 날이 많은 해였다. 그녀가 보였던 눈물은 몇 해가 지나서야 알알이 와 닿았다. 양념통닭을 먹다가 통곡하고, 열창보다 큰 소리로 노래방에서 오열했다.

그날은 무던했다. 그녀를 보내고 집으로 돌아와 이른 잠을 잔 게 전부였다. 격해진 숨소리로 눈물을 뚝뚝 흘리길래 냅킨을 건넸다. "괜찮아. 그동안 고마웠어. 우리 중 누가 잘못해서 이렇게 된 게 아니잖아. 이해해. 더 좋은 사람 만나."라고 뻔한 말들도 차분하게 잘했다.

그날 당신이 보인 눈물은 겨우 빙산의 드러난 부분 정도였다는 걸 늦게 알았고, 함께 울어주지 못한 게 이자로 붙어 더 울었다. 당신이 내 손을 잡지 않는다면 나를 붙잡을 만한 건 아무것도 없구나, 몇 달 후 나는 사표를 내고 배낭을 멨다.

어떤 사람은 하루 한 잔 술로 잊을 수 있는 것이 사랑이고 또 다른 사람은 평생을 씻어내려 해도 지워지지 않는 것이 사랑일 수도 있을 것이다. 어차피 다시 연결시키지 못할 거라면 그렇게 끊어내야 하는 것이다. 사랑이란 함께하는 것이지만 이별이란 각자의 몫이니까

-『여행도 병이고 사랑도 병이다』

몇 년 전 K와 마시는 술자리에서 나는 이런 말을 했다.

"누구나 잊지 못하는 사람은 있잖아. 나한텐 그 사람이 그래. 하지만 이제는 결혼한 사람이야. 내 마음도 정리됐고. 물론 항상 행복하길 바라고 있어. 어쨌든 좋은 사람이니까. 그런데 만약 내가 혼자일 때 그 사람이 돌아온다면 나는 다시 시작하고 싶을 거 같아. 과거를 질투하지는 않을 테니까."

며칠이 지나고 나는 여전히 쓸데없는 말을 하고 있다는 걸 알았다. 몇 년 전의 마음과 지금의 생각은 진심이지만, 딱 하나 변한 게 있다. 바로 자신. 나는 달라졌다. 직장을 그만뒀고, 일터로 억지로 돌아가지 않았으며, 여행에 푹 빠졌다. 과거의 내 마음이 그대로라 하더라도, 바뀐 지금의 나로는 그 마음을 따를 수 없다.

K가 물었다.
"결혼하고 싶어요?"
"내가 생각하는 결혼이라면 하고 싶어. 내 말 이해하지?"

> 나에게 만약 누군가가 저 천장을 바라봐 주는 날이 온다면, 그때쯤이면 저 천장에 지도를 그리지 않아도 될 것이다. 그리고 나는 이렇게 말할 것이다.
> 네가 늦게 나타난 덕분에 나는 아주 먼 길을 걸어 왔다고. 그래서 다행이라고
>
> -『같은 시간에 우린 어쩌면』

알맞게 고개를 끄덕인 K와 나는 서로가 생각하는 결혼에 대해서 묻지 않았다. 어차피 우리는 이기적이거나 이상적으로 보일 수밖에 없으니까. 먼저 제 길 부터 잘 걸어야 하니까.

어쨌든 K, 넌 사랑받기에 충분한 사람이고, 네가 생각하는 사람과 네가 생각하는 결혼을 하게 될 거야.

내가 만난 여행자들

오래 여행하면 어떤 걸 보게 되냐고요? 희한한 걸 많이 보죠. 날것의 단내가 나는 거죠. 그런 것을 모으면 얄궂은 이야기가 되기도 해요. 일상에서는 보기 힘드니까요. 어떤 사람들이 어떻게 여행을 하고 있는지 들려줄게요. 당신에게도 여행의 향기가 닿았으면 좋겠군요.

사표를 내고 여행을 준비 중이라는, 일면식도 없는 사람의 메일에 답장을 보냈다.

Dear, K
도미토리에서 자신의 돈이 없어졌다며 모든 사람을 한 발자국도 못 움직이게 하던 여자가 있고, 아버지의 지갑을 털어 비행기 티켓을 산 청년이 있다. 남편의 폭력에 본의 아니게 쫓겨 배낭을 멘 주부가 있다. 그중에 잘 왔다며 격려해 주는 늙은 여행자가 있다.

(중략)

아무 이유 없이 손목에 행운의 팔찌를 채워 주며 여행을 잘하라는 아가씨가 있고, 사기꾼들이 줄을 서서 환대하는 여행자들의 거리에는 오늘도 새롭게 입성하는 여행자의 들뜬 모습이 흔하다. 집으로 돌아갈 날을 하루 남기고 다시 비행기 티켓을 알아보러 나갔다가 여권을 잃어버린 소녀는 차라리 잘됐다며 오래도록 하늘을 올려다본다.
그들은 그래도 여행을 계속할 거라 했다.

즐거운 여행 계획 잘하세요!
(중략)

낯선 길 위에서 넘어지고 상처받더라도 그것을 스스로의 입김으로 잘 보살펴 나아지는 법과 굳은살이 된 자리를 기억하세요! 어느 날, 누군가가 당신에게 그 상처의 자리를 묻는다면 아무렇지 않게 조언할 수 있도록. 그리고 당신은 이미 훌륭한 여행자입니다. 우리는 한 번도 만난 적 없지만, 한 번도 만나지 않게 되더라도 상관없을 여행자입니다.

변종모 드림.
-『같은 시간에 우린 어쩌면』

한국에선 무균 기저귀를 차고 햇빛 차단 유모차에 실려 다닐 만한 갓난아기를 업고 여행하는 부부, 먼지 풀풀 날리는 흙길에서 앞으로는 아이를 뒤로는 배낭을 메고 힘차게 걷는다. 이제 막 도착한 미니버스에서 내린 여자는 몇 시간을 달려왔는지 기지개부터 켜고, 호기심에 점령당한 눈동자로 두리번거리더니 금세 호객꾼을 물리친다. 빠이의 한 요가원에서 아쉬탕가 요가를 처음 하던 여자, 서럽게 울면서 중간에 자리를 떠났지만 그날의 수련을 잊지 못할 것이다. 내가 바라나시에서 가장 아름다운 커플이라고 불렀던 연인, 그들이 캐나다에서 살림을 차렸다는 소식을 전해오고, 그 옆방의 커플은 호주에서 결혼했다고 한다. 느닷없이 울음을 터뜨린 노인 뒤에서 나머지 여행자들이 눈빛을 교환하며 모른 척하기로 한다. 스쿠터를 타다 넘어진 남자가 다음 넘어질 사람을 위해 연고를 남기고 떠나고, 누군가는 반드시 넘어져서 그 약을 바른다. 훈자에서 라왈핀디 지도를 그려 준 여행자가 있고, 그 지도가 완벽해서 놀란 여행자가 있다. 게스트하우스를 먼저 떠났던 늙은 형이 다음 날 밤 여기가 최고라며 돌아왔을 때 느닷없이 포옹한다. 인도에서는 남이 주는 음식을 절대 먹지 말라는 당부를 신의 계시처럼 믿는 여자가 다르질링으로 가는 지프 안에서 잠결에 귤을 받아먹고 만다. 수십 명의 릭샤왈라에게 둘러싸인 백인 여자가 셧업이라고 소리치자 기차역에 정적이 흐른다. 그 모습을 보고 여자에게 릭샤 쉐어를 제안하는 남자 여행자가 있다. 치킨을 양손으로 뜯으면서 인도 사람들이 손으로 음식 먹는 것을 못마땅해하는 여행자가 있고, 애당초 도구를 한 번도 써 본 적 없는 것처럼 밥풀을 잘 조물거리는 여행자가 있다. 사이좋게 여행 온 세 명의 친구가 며칠 뒤 사이좋게 각자의 길로 헤어진다. 술 한 모금 못 마시는 여자가 술 마시는 사람들보다 먼저 취하기도 하고, 각자의 사연으로 취한 후에 서로를 위로한다. 형, 누나라고 부르지만 대접해줄 필요는 없고, 형, 누나라고 불리지만 밥 한 번 사지 않아도 되는 모두가 같은 처지다. 호객을 거절 못 하는 남자는 식당을 차례로 다니느라 바쁘지만 아주 가끔만 환대받는다. 자신보다 나이가 많은 버스를 타고 히말라야를 스물여섯 시간 동안 넘어 온, 지하철에서도 멀미하는 여대생이 있고, 옆자리에 앉은 죄로 그 여자의 토를 맨 손으로 받아내던 남자가 있다. 그들은 연인이 된다. 게스트하우스에서 본 척 만 척 지내던 여행자끼리 길에서 마주치면 알은체를 하게 되고, 숙소로 돌아오면 다시 모른 척한다. 비행깃값 아끼려고 열두 시간 걸리는 버스를 타는 일이 평범하고, 한참 만에 도착해 회포를 푸느라 맥주를 이만 원어치 마셔놓고 비행깃값 만 원을 아꼈다고 자축한다. 백 원을 아끼려고 사십 도가 넘는 더위에 먼 길을 걷는 남자는, 가끔 알면서도 비싸게 속아주기도 한다. 저녁마다 서로를 더듬어가며 사랑을 확인하지만 아침마다 요란하게 싸우는 연인이 있다. 상호도 모르고 지도에서 집어낼 수도 없지만 다시 간다면 찾을 수 있는 몇 곳의 로컬 식당을 알고, 이름도 직업도 모르는 길 위의 인연을 평생 기억한다.

　내가 기억하지 못하는 순간을, 대신 추억해줄 여행 중에 만난 벗들이여! 그대들이 내게 얼마나 소중한 희열이었는지 아는가? 부디 그대들의 기억 속에서 나도 그런 여행자였기를.

미련을 거두며

첫 여행을 끝내지 못한 여행가. 첫 여행에서 돌아온 후 나는 이렇게 프로필을 썼다. 서른 살에 만든 여권. 그해 마지막 날 사표를 내고 떠난 여행. 그 이야기를 담은 첫 번째 책. 간헐적인 여행, 몇 번의 방송 출연과 강의. 이 중에 여행에 대한 갈증을 조금이라도 해갈시킬 수 있는 건 아무것도 없었다. 여행에 목말랐던 이유는 자의로 돌아온 게 아니기 때문이다. 시간과 예산의 부족. 스토리가 한창 재미있게 전개 중인데 억지로 엔딩 크레디트를 올려야 했다.

> 나는 여행에서 돌아왔을 때 여행이 끝났다고 생각한 적은 한 번도 없었다. 여전히 삶은 여행처럼 불안하고, 여행처럼 자주 휘청거렸기 때문에. 지금의 모든 일이 삶에 포함되어 있듯이, 여행도 그 삶 중에 하나이므로.
> —『같은 시간에 우린 어쩌면』

그만하고 싶을 때까지 길 위에서 살아보고 싶다는 것이 유일한 바람이 된 적도 있다. 그건 아마 짧아도 이삼 년쯤 걸릴 거 같다고, 몇천만 원은 모아야 한다며 입만 부지런히 떠들고 몸은 여행에서처럼 여전히 게을렀다. 여행에 의미를 부여할수록 그것은 점점 닿지 못하는 것이 되어 갔다. 나는 무엇을 바라고 여행과 일상의 경계를 이렇게 선명하게 나누고 있었던 것인가.

> 여행 경비를 마련하느라 전셋집을 빼고 자동차를 팔던 날, 나는 무슨 마음이었을까? 다시 돌아오지 않으리라는 무거운 마음보다 거품 없이 실속 있게 살고 싶다는 이유가 컸다. 쓸데없는 물건들과 그것들을 유지하기 위해서 날마다 전쟁을 하기 싫었다. 그때는 그 모든 것이 불필요한 것 투성이였다. 희망 없이 살던 날들을 포함해 모든 것이 귀찮았고 불필요했다. 돌아와서도 여행자처럼 살리라 다짐하며 모든 것을 마지막인 것처럼 처분하고 말았다.
>
> ─『여행도 병이고 사랑도 병이다』

여행을 결심할 때 가장 힘들었던 건 손에 쥔 것에서 미련을 버리는 일이었다. 물론 나 좋자고 한 일이지만, 후회하지 않을 확신이 필요했다. 그랬던 나는 여행에서 돌아와 여행에 미련을 가지고 일상을 버티는 식으로 살고 있다. 부끄럽다. 낯선 곳에서나 익숙한 곳에서나 여전히 게으르게 하루를 근근이 살면서, 참 꼬리 긴 미련을 남겨두고 있는 것이다.

여행가로 살기로 했다면 여행을 마치지 못하는 쪽이 더 좋다고 생각한다. 여행이 끝나면 여행가도 끝나고 만다. 만약 끝없는 여행을 시작한다면, 그때부터 여행은 더 이상 여행이 아닌 것이다. 이제부터는 미련을 버리고 여행의 잔상을 음미하려고 한다. 마음껏 그리워하고 설레며 그 힘으로 살아보자.

사실 자주 배낭을 꾸리고 싶겠지만, 더 이상 애달프지는 않을 것이다. 갈 수 있을 때 가고 싶은 곳으로 가서, 지낼 수 있을 만큼 지내기. 그 시간 동안 쌓인 것이 있다면 나누기 위해 담아오기. 더 넓은 세상으로 내가 전할 수 있는 메시지를 보내기.

지금부터는 이런 마음으로.

생각해 보면 몸이 불편한 건 얼마든지 참을 수 있는 날들이었다. 그러니까 더 이상 챙길 것은 없다. 마음만 챙기면 된다.
― 『짝사랑도 병이다』

기록되는 것

"여행을 이렇게 오래 하면 어떻게 먹고 사세요?"

이런 궁금증을 입 밖으로 내는 사람은 대부분 짧게 여행 온 관광객이다. 그들은 오래 여행하는 여행자의 사정을 궁금해한다. 난 그들이 바라는 대로 무모한 인생이라고 대답한다. 그제서야 그들은 세상이 공평하다는 듯 자신의 삶이 더 괜찮다는 걸 확인하고 안심했다.

대놓고 물어보지 않았지만 장기 여행자 대부분은 비슷했던 거 같다. 사정을 설명하면 구차하게 보일까 봐 일부러 대책 없이 사는 거처럼 말한 이도 있고, 이해받지 못할 걸 뻔히 알아서 엉뚱한 대답을 하는 이도 있다. 하지만 이들은 관광객의 걱정과는 달리 자신의 인생이 소중하다는 걸 오히려 너무 잘 알아서 수십수백 번 고민한 끝에 여행을 시작했다. 아마 그런 여행자 대부분은 후회하지 않을 것이다.

돌아온 자리를 두려워하지 마라.
이미 당신은 많은 것을 보았다.
가장 두려운 것은 처음부터 당신 안에 있었다.

돌아와서 만나는 두려움에
당신이 경험했던 모든 것을 방패 삼아
여행하듯 살아라.
떠나기 전의 당신과
돌아와서의 당신은 그렇게 다를 것이다.

떠나도 떠나지 않아도 모든 것은
당신 안에서 작용하는 것들로부터 이루어질 테니.
좋은 것을 기억하고 좋게 실천하는 일만이
돌아온 자의 몫이다.

-『같은 시간에 우린 어쩌면』

각오했던 일이다. 무거운 것은 가라앉고 먼지 같은 허위는 걷힐 것이다. 훌훌 털어낼 수 없지만 뒷걸음질하지 않으려고 한다. 나는 새로운 감각을 일깨워서 다른 사람으로 돌아왔다. 돌아갈 날에 쫓기느라 눈이 흐려졌던 순간마다, 자정작용이 일어나고 있었음을 느낀다. 어쩌면 여행을 결심하는 순간, 두려움과 그것을 이겨낼 에너지가 함께 생기는 것이다.

늘 버릇처럼 여행을 좋아한다고 했지만, 여행 후의 일들에 대해서는 비밀처럼 묵언했다. 여행에서 좋았던 일들, 그곳에서 다짐했던 기억들을 돌아온 자리에서 꺼내는 방법을 몰랐다. 여행은 기억 속에서만 유효한 것이었다. 그것은 공간의 차이가 아니라 생각의 차이라는 것을 늦게 알았다. 여행과 생활이 별개라는 생각 때문이었다. 하지만 누군가 내게 여행을 왜 가냐고 묻는다면 이제야 겨우 말할 수 있을 것 같다. 내가 느끼는 대부분의 좋은 것들은 여행에서 가져왔기 때문이라고. 그래서 그 기억들이 살아가는 힘이 된다고. 그것이 아름답거나 아름답지 못할지라도. 모든 길 위에서 일어나는 일들은 크게 다르지 않으므로, 여행도 현재를 살아가는 일이므로.

-『같은 시간에 우린 어쩌면』

여행의 복기. 좋은 것을 꺼내자. 추억으로 남겨두는 것이 아니라, 지금부터 여행의 힘으로 신나게 살자. 여행의 결과를 의심하지 말자. 나는 그렇게 여행을 복기하기 시작했다. 생각나는 것을 그대로 토해서 받아쓴다. 꾸밈없이 솔직하게 존재했다면 내면에 기록되는 것이 있다. 가슴속에 기록된 것, 그것을 찾아보자. 기록되는 것의 힘을 믿는다.

어느 날 잠들기 전 문득 지나온 길 위의 작은 추억들을 데려와 포근히 덮을 수 있다면, 그것이 힘이 되어 새로운 아침을 맞는다면 당신은 분명 좋은 여행을 한 것이다.

-『같은 시간에 우린 어쩌면』

강박이 아니라 일탈

　방문할 곳과 교통편, 소요시간, 비용을 엑셀로 정리해서 출력했다. 직장인의 휴가라는 것이 연휴와 연차를 이어도 늘 아쉬울 뿐이다. 어렵게 낸 시간 동안 한 곳이라도 더 많이 보고, 하나라도 더 먹고 싶었다. 효율이 습관이 된 직장인답게 빽빽하게 채운 일정표를 들고 첫 여행을 떠났다. 행복했다. 첫 해외여행을 혼자 배낭 메고 갔으니, 매 순간 짜릿할 수밖에 없었다. 준비한 일정표가 딱 들어맞을 때의 뿌듯함도 한몫했다. 적어도 내 기준에는 완벽한 계획이었다. 대만 타이베이 '정복하기'라고 했을 정도니까.

　하지만 남들이 좋다는 곳이 다 좋았던 것은 아니다. 맛있다는 곳이 다 맛있었던 것도 아니다. 들러 보고 싶은 가게나 맛보고 싶은 음식이 있었지만 일정표에서 벗어나기란 쉽지 않았다. 많은 사람이 정해 놓은 명소와 맛집을 다녀오는 것이 미션처럼 느껴졌다. 그것이 내 색깔과 맞지 않더라도 여행을 알차게 했다는 안도감을 얻을 수 있기 때문이다.

반복되는 일상, 강박이 싫어서 여행을 떠났는데 나는 또 다른 강박에 매여 있었다. 출근과 퇴근보다 더 바쁜 일정. 다녀온 곳을 엑스 표시로 지워내며 다음 행선지로 최대한 빨리 움직였다. 그리고 너무 쉽게 판단하기 시작했다. 오 분도 머물지 않았으면서 좋은 곳과 아닌 곳으로 분류했다. 겨우 한 가지 메뉴를 먹었으면서 맛있는 식당인지 아닌지 평가했다. 오늘만 차가 막힌 거일 수도 있는데, 시간 아끼려면 가지 말아야 할 곳으로 단정했다. 열심히 준비하고 바쁘게 다닌 여행이니까 한 번 스쳐도 다 안다고 자만한 것이다.

> 당신이 당신의 원하는 삶을 살 듯 당신이 가고 싶어 했던 곳, 남들이 간다고 같이 줄을 서는 여행이 아닌 자신이 원하는 자신의 여행을 자신 있게 선택하는 일. 누군가에게 자랑하고 싶은 여행지가 아닌 스스로에게 자랑하고 싶은 여행을 하는 것. 떠날 수 있는 만큼 떠나고 돌아오고 싶을 때 돌아오는 것이다. 그래도 세상은 크게 달라지지 않는다. 세상이 달라진다 하더라도 그 시간 동안 당신도 많이 달라져 있을 것이므로. 가지 않아도 좋을 것이 여행이며, 간다면 더 좋은 것이 여행이다.
>
> 　　　　　　　　　　－『같은 시간에 우린 어쩌면』

　첫 여행을 회상할 때면 가장 먼저 생각나는 건 일정표 밖에서 일어난 일이다. 용산사를 둘러보고 나와 돼지머리와 양념족발을 파는 길거리 식당에서 맥주를 마시던 순간을 잊을 수 없다. 맛은 평범했고 친절한 직원이나 인테리어 같은 건 없는 노천에서 하는 식사였지만, 현지 분위기를 처음 느낀 순간이기 때문이다.

그날 밤 혼성 10인실에 묵었는데 모두 남자였다. 밤 늦게 여자 한 명이 뻘쭘하게 들어오는데 당황한 기색이 역력했다. 오해를 살 각오를 하고 말을 걸었고, 함께 로비에서 맥주를 마셨다. 조금 구석진 자리였던 내 침대로 바꿔주려고 했지만 괜찮다고 했다. 다음 날 저녁, 각자의 여행을 마치고 시먼에서 만났다. 빌딩 계단에 앉아 비닐봉지에 담은 닭튀김을 안주 삼아 맥주를 마셨다. 여행 후에는 다시 보지 못한 심심한 인연이었다. 여자는 나를 기억하지 못하겠지만, 나는 모든 것이 생생하다. 처음 보는 여자에게 말을 걸었고, 낯선 곳에서 함께 술을 마셨다. 대만 최고의 번화가 한복판 길거리에서 퍼질러 앉아 마시던 맥주. 진짜 여행은 스케줄 밖, 그리고 자신이 정한 자신의 한계 밖에 있었다.

여행은 강박이 아니라 일탈이다.
익숙한 곳에서 멀어지는 것이 아니라
익숙한 자신을 안에서부터 깨우는 일.

> 때로는 내가 나에게 도취되어 스스로 즐거워지는 일, 그것으로 내가 행복해지는 일, 그것이 가장 가까운 혁명이다.
>
> ―『그래도 나는 당신이 달다』

진심

암막 커튼을 치고 향을 피운다. 연기가 잘 보이게끔 전구색 전등을 비스듬하게 비춘다. 라디오를 켠다. 차 한 잔과 한 권의 책. 방 안을 촘촘하게 채우려는 듯 구석구석 흩어지는 향의 형상이 몽롱하다. 라디오는 시기보다는 응원, 미움보다는 반성이 일반적인 고백 광장. 착한 사연을 말하는 진실된 사람만 산다. 찻잎을 골라 차를 끓이고, 다시 읽고 싶은 책을 꺼내는 잔잔한 마음. 청정한 이 시간이 참 좋다. '아직은 지치지 않았구나.' 하며 가슴을 타학타악 두드린다.

친구들과 술을 마시다가 라디오에 한 줄짜리 사연을 남기면 제법 잘 소개된다. 밋밋한 술자리가 잠깐이라도 소란스러워진다. 술 취한 목청으로 떠들어 대다가도 '문상건 님의 사연입니다.'라는 디제이의 언급에 입을 다문 얼굴에서 금세 호기심이 인다. '친구끼리 청승맞게 술 마시고 있어요.'가 전부인 단순한 사연이 술자리를 특별하게 만든다.

사실 오래오래 길 위에 있는 사람이면 알겠지만 대부분 견디지 못하는 것은 통하지 않는 말보다 전할 수 없는 마음이다. 진심이 담긴 말은 오랜 생각에서 나오지만 입 밖에서는 길이가 짧다. 묘사가 많을수록 진심에서 멀어지는 것이다. 무뚝뚝한 남자가 로맨틱한 프러포즈를 할 수 있는 것도, 눈물이 묵은 오해를 풀어내는 것도, 환한 미소에 마음을 내주는 일도 모두 진심이 한 일이다.

> 말은 간단히 전할 수 있지만 진심대로 전하는 건 오로지 자신의 몫이다. 그 말을 전하기 전에 진심으로 당신은 고맙고 진심으로 미안하길 바란다.
>
> – 『나는 걸었고 세상은 말했다』

영어가 서툰 나는 여행 중에 말이 늦거나 짧았다. 그래서 놓쳐버린 순간이나 더 발전시키지 못한 사이가 있는지도 모른다. 하지만 간직해야 할 마음은 챙겼고 건네야 할 인사는 잘 전했다.

제대로 말하지 못하면 여행이 불편하지만
진심이 없으면 여행이 불행해진다.

도도한 쪽은 여행

한국으로 돌아온 어느 날, 전시회다 뭐다 연락할 사람이 많아서 잘 쓰지도 않던 메일을 열었다. 낯선 아이디와 간략한 영어로 된 제목의 메일이 열 통 가까이 와 있었다. 순간 다르질링을 떠나던 날 그 청년의 얼굴이 스쳐 지나가면서 나는 순식간에 죄를 지은 사람이 되었다. 그 청년, 마을에 한 번씩 내려올 때마다 돈을 들여 나에게 메일을 보냈을 것이다. 분명 한국에서 뭘 보내달라거나 한국으로 취직을 하고 싶다거나 하는 내용일 거라는 내 편견이 곧바로 후회로 이어졌다. 먼 곳에서 날아온 열 통의 메일은 하나 같이 나의 안부를 묻는 내용이었다. '여행하기 덥지?'라는 말과 끝에는 항상 행운을 빈다는 인사로 말이다. 나는 참으로 참담했다. 간단하게 메일이 늦어 미안하다는 말과 고맙다는 말을 보냈지만 그 청년은 이제 연락이 없다. 아주 오랜 시간이 지난 뒤였으므로 이제 그 청년도 나를 잊었을지 모를 일이다. 나는 오래오래 기억할 것이다. 기차가 출발하기 전 어두운 통로에서 마지막 인사를 하듯 "너는 내 친구니까…."라고 말하던 착한 그 음성을.

- 『여행도 병이고 사랑도 병이다』

필요한 게 있으면 말하라고, 나도 보답을 하고 싶다며 H를 다그쳤다. 한국 화장품을 써보고 싶다는 그에게 흔쾌히 약속했다. 몇 달 후 첫 책의 계약금을 받은 날 스킨, 로션, 팩, 세안제와 샘플까지 넉넉히 챙겨서 국제우편으로 보냈다.

몇 년이 지나고 파키스탄을 오래 여행한 B를 알게 됐다. 파키스탄 이야기를 나누자고 처음 그를 만난 날, 참 많은 술을 얻어 마셨다. 나는 H 이야기를 했고 B도 그를 잘 알고 있었다. 그리고 내게 칭찬했다.

"말은 그렇게 하지만, 진짜 하는 사람은 별로 없어요."
"별일 아니었어요. 내가 너무 고마워서 뭐라도 해주고 싶었어요."

그런데 별거 아닌 일로 생각하고 있었다는 사실에 자책이 들었다. H와 페이스북 메신저로 종종 안부를 묻지 않았다면 훈자에서 한 약속을 대수롭지 않게 여겼을지도 모른다. 하지만 H는 부탁하기 전에 몇 번이나 망설이며 미안해했으리라. 내가 약속을 까맣게 잊었다고 해도 나를 원망하지 않았을 것이다. 어쩌면 잘 지켜지지 않는 여행자와의 약속에 만성이 되었을지도 모를 그의 사정에 마음이 짠해졌다.

여행은

자신을 누리는 게 아니라

자신을 다스리는 것이다.

그러므로 우리는 어디서나 주인인 동시에

잠시 스쳐가는 나그네임을 알아야 한다.

잠시 스쳐가는 그곳에서마저도

오랜 정성을 들여야

비로소

마음속에 걸려드는 것이 있다.

그때부터

시작이다.

- 『같은 시간에 우린 어쩌면』

내가 잘 안다고 생각했던 것들도 결국 단 한 줌 정도밖에 되지 않았다고, 겨우 그것을 가지고 세상을 재단하던 때가 있었다는 B의 고백에 고개를 끄덕이며 먼 산을 바라봤다. B는 혼자에 계속 갈 거라면 사계절을 지내보라고 했다. 오래 머물며 그곳의 속을 보길 권했다. 천국으로 알려진 곳이지만 사람 사이의 흔한 고달픔이 때로는 있다고 했다. 그쯤은 당연한데, 그렇다고 하더라도 여전히 천사 같은 사람들인데 나는 좋은 면만 재차 확인하려고 시야를 좁혔던 것이다.

우리가 사랑을 시작할 때는 예쁘고 멋진 얼굴이나 명랑한 목소리, 패셔너블한 감각 같은 특정 포인트 때문일 수 있다. 하지만 사랑을 유지하는 건 다른 여러 가지, 특히 사소한 것에 달렸다. 여행도 마찬가지다. 정성을 들이지 않으면, 여행은 결코 당신을 사랑하지 않는다. 언제나 우리보다 도도한 쪽은 여행이다.

나는 왜 내가 만든 상상 앞에서 실망하는가? 아무도 내게 먼저 사랑해 달라고 한 적이 없는데 말이다.

－『여행도 병이고 사랑도 병이다』

5부
리얼리티

리얼리티

남미를 오래 여행한 어떤 동생이 이런 말을 했다.

"여행 중에 만난 일행이 있는데, 한국에 돌아와 책을 냈어. 그런데 남미나 여행에 대해선 조금도 몰라 움츠리기만 했으면서, 책 속에서는 얼마나 멋진 여행자인 척하던지. 그 책은 자신의 이야기가 아니라 다른 여행자의 이야기를 자기 일처럼 지어낸 거라고. 그 사람은 아무것도 보고 만지려 하지 않았어."

나 역시 이런 여행기를 만날까 봐 두려워하고 있을 때였다. 책값이 아까운 게 아니라, 자극적이어야만 살아남을 수 있는 여행의 세태를 애써 확인하고 싶지 않았기 때문이다.

나는 남미를 글로 배웠다. 그런데 잘 배웠다. 그럴 수 있었던 건 자신이 경험하고 느낀 딱 그만큼만, 진짜만 쓰는 작가를 알고 있기 때문이다. 무릇 경험이 쌓인 여행자나 작가는 자신에게 걸맞다고 생각되는 능숙하고 깊은 모습만 보여주려 한다. 그런데 그는 남미 대륙과 아시아를 가로지르는 1만 시간 동안의 여행, 인도와 파키스탄의 속살을 기꺼이 까보는 여행을 하며 여전히 소년 같은 풋풋함을 가지고 있다.

2017년 9월, 박민우 작가와의 만남이 시작됐다. 종로에서 처음 만났고, 가을이 가기 전에 불광역에서 한 번 더, 그리고 며칠 뒤 이태원의 게스트하우스에서 함께 추석을 보냈다. 11월에는 그가 살고 있는 방콕에서 인생 라멘을 맛볼 수 있었다. 태국 북부를 여행하고 방콕으로 흘러 온 나에게 귀한 식사를 대접해준 것이다. 짧은 시간에 여러 번 볼 기회가 있었던 그는 형이나 선배라고 불러도 된다고 했지만, 나는 아직까지 작가라고 호칭한다. 그는 여전히 내게 작가이며 나는 여전히 그의 독자이기 때문이다. 글로 재미를 주어야 한다는 일념으로 매일 글을 쓰는 그 앞에 서면, 나는 자신을 나무라는 것밖에 할 게 없다.

내 입으로 진짜만 쓴다고 소개한 박민우 작가는 이런 글을 썼다.
'문상건은 지금까지 만났던 그 누구보다도 멍청한 작가다. 그는 멍청해서, 맘에 있는 이야기만 한다.' 제목은 『입 짧은 여행작가의 방콕 한 끼』. 문상건이 얼마나 멍청한지 궁금하다면, 방콕의 숨겨진 맛집이 궁금하다면 박민우 작가의 책에서 확인해 보시길.

아, 만약 그가 진짜 리얼리티한 사람인지 확인이 필요하다면 그가 쓴 여행기 먼저 읽어보시라.

여행의 비극, 광대의 희극 그리고 리얼리티

사람들은 여행기에서 대리만족을 얻는다고 한다. 나는 여행에 미련이 많은 놈이라 그런지 이 말이 전혀 와 닿지 않는다. 남이 먹는 모습을 보면 침이 고일지는 몰라도 혀끝에 느껴지는 건 없듯이, 발바닥과 어깨에 전해지는 여행의 질감을 대신할 수 있는 건 없다. 그런데도 여행기를 펼치는 이유는 순전히 동지를 찾고 싶어서다. 겉에서 보는 여행은 늘 즐거울 거 같지만 그 면면은 힘에 부치는 경우가 다반사다. 이런 여행을 하는 사람이, 비슷한 감정이, 나와 닮은 여행자가 또 있을까 하는 내뿜는 심정. 하지만 여행 중에 몇을 만나 잠시 위안과 용기가 됐을 뿐, 좀처럼 책에서는 찾아지지 않았다.

어머니가 궁금해하실 것 같아서요. 남미에서 14개월 만에 돌아왔을 때, 어머니는 건강하게 돌아왔으니 됐다 셨죠. 그때 저는 글을 써야겠다고 생각했어요. 어머니는 무사히 온 것만 생각했지, 제가 얼마나 행복했는지 모르시더라고요. 여행은 위험한 도전이 아니라, 널린 재미를 주워 담는 노다지라는 걸 알려드리고 싶었죠. 어머니가 어떻게 읽으실까. 어머니가 재밌어하실까를 생각하면 글이 나왔어요.
- 『지금이니까 인도 지금이라서 혼자』

참신한 여행기는 많지만 조미료로 맛을 낸 글은 얼마 못 가서 책장을 덮게 한다. 독자에게 주목받기 위해 의도적으로 포장하는 모습이 보이기 때문이다. 어떤 곳에서는 흔한 친절을, 일상적인 위험을, 비일비재한 장애물을 조금씩 부풀린다는 느낌. 같은 곳을 여행한 여행자들 사이에선 별거 아닌 일이, 책 속에서는 특별한 인연으로, 생명의 위협을 느끼는 상황으로, 갑자기 찾아온 불운으로 엮여 무용담이 된다. 자신과 자신의 여행을 짜깁기한 무용담은, 세상을 상대로 내놓는 가짜 자기소개서일 뿐이다.

독자에게는 자극적인 내용이 산뜻하고 재미있겠지만, 어느 정도 지켜야할 선은 있다고 생각한다. 여행은 현실 중에서도 지독한 현실이고 그것을 이겨내며 이상을 건설하는 과정이지, 처음부터 공상이 되면 안 되기 때문이다.

요즘은 혼자 여행한다는 것을 명패로 사용하는 여행자도 많아 보인다. 그런데 장기 여행자 대부분은 어차피 혼자다. 몇 달에서 몇 년이 걸리는 여행을 누구와 함께하는 게 더 놀랍고 대단한 일이다. 동행을 선호하는 여행자에게 실제로 혼자인 시간은 별로 없다. 집에서 나와 비행기를 혼자 탄 게 전부이면서 어떻게 혼자 하는 여행이라고 할 수 있을까. 여행자들은 혼자 여행하는 여자가 혼자 여행하는 남자보다 조금 더 많은 거 같다고 입을 모은다. 여자 혼자 떠나는 여행은 전혀 특별한 게 아니다. 여행에서는 여성이 남성보다 더 씩씩하고 강인한 거 같다.

> 이 땅의 모든 젊은이들에게 더 넓은 세상이 있음을 알리고, 호기롭게 '세상의 중심에서 열정을 외쳐라'라고 말해야 하는데 나는 사실 그렇게 멋지고 그윽한 철학을 갖고 있지 못하다. 단지 내가 가졌던 기쁨을 전해주고 싶을 뿐이다. 가능하면 송두리째 온전히 전달해주고 싶다. 그래서 내가 맞닥뜨렸던 얼얼한 기쁨의 클라이맥스를 공유하고 싶은 마음. 그 마음을 엔진 삼아 글을 써 내려갔다. 요즘처럼 글 안 읽는 시대에 너무 '글' 중심의 책이 아니냐고 걱정하는 분들이 많았지만, 나는 '시대의 유행'보다 '찐한 이야기'를 너무너무 전해주고 싶었다. 그 마음이 앞서 가서 글을 쓸 때마다 심장이 늘 기운차게 쿵쾅거렸다.
>
> ─『1만 시간 동안의 남미1』

여행기에서 개인의 해석이 빠질 수는 없다. 같은 상황이라도 사람에 따라 받아들여지는 것은 다르므로, 작가의 경험에 대해서 가타부타하는 것이 옳은 일은 아니다. 다만 작정하고 대본을 만들더라도, 비약을 들키지 않을 수 있는 무기는 필요하다. 그런데 아이러니하게도 가장 확실한 무기는 오히려 다 털어놓는 리얼리티다.

리얼리티와 개인적인 해석. 상충될 거 같지만 둘 다 같은 뿌리, 즉 동일한 경험에서 시작된다. 전자는 사건 자체에 대한 것이고 후자는 사건으로 파생된 감정에 관한 의미다. 어떤 일은 일어나기 마련이고, 거기에 따라 호들갑을 떨 수도 있고 근사하게 대응할 수도 있다. 지나서 생각해보면 더 궁상맞거나 더 아름답게 꾸미고 싶은 욕심이 생긴다. 그런 유혹에 빠져서 치장한 것들이 지나치게 쌓이면 마침내 미적지근한 속살이 드러나고 만다. 하지만 먼저 알맹이를 까발려서 당시의 감정과 생각을 질러대면 진실에 가까워진다. 사기꾼을 용서했더라도, 찰나의 순간 가졌던 화를 내뱉으면 왠지 용서가 더 진짜 같다. 비싼 음식을 먹는 친구를 물끄러미 바라보며 가졌던 부러움뿐만 아니라, 조금의 미움과 질투까지 더해질 때 순도는 높아진다.

여행자만 낼 수 있는 뚜벅거리는 발걸음 소리는 본능과 이성이 함께 빚은 거친 리얼리티 속에 있다. 『1만 시간 동안의 남미』 그리고 『1만 시간 동안의 아시아』. 각 3권이 하나의 시리즈인 긴 이야기를 단숨에 읽을 수 있었던 건 '리얼리티의 힘' 덕분이다.

> 바람이 불 때마다 유독 더 휘청거리는 사람이 있다. 내가 그런 사람이다. 그런 나도 좋아하는 것 하나쯤은 찾았노라고, 그럭저럭 재밌게 살고 있노라고 글로써 보여 주고 싶다. 그게 내 여행의 출사표다.
>
>   -『1만 시간 동안의 아시아1』

자칭 글 광대라고 하는 박민우 작가. 그는 여느 배낭여행자처럼 예산에 쫓기고, 가끔 앓아눕고, 좌절과 희망에 번갈아 뺨을 내준다. 가까이서 보면 그의 여행은 비극이지만, 그의 글은 언제나 희극이다. 불안할 때는 가슴이 벌렁거리고, 도망갈 때는 헐레벌떡, 으스댈 때는 얄미울 만큼, 자책할 때는 매몰차게, 감동적일 때는 눈물이 뚝뚝. 과하다 싶을 정도로 내면을 드러내줬기 때문에, 독자는 사사로운 상념에 사로잡히지 않고 마냥 깔깔거리며 끝까지 책장을 넘길 수 있다.

> 세상에 없는 재미를 줘야죠. 유튜브처럼 공짜로 보는 것도 재미있는데, 돈 주고 사 보는 책은 달라야죠. 내가 쓴 글이지만, 글이 세상에 나오면 더 이상 나만의 것이 아니에요. 그 글로 기쁨을 느끼는 사람이 있다면, 그게 나를 행복하게 하는 거죠. 그들이 기뻐야 내가 웃어요. 나를 위해서라도 더 재밌는 글을 써야죠.
>
> -『1만 시간 동안의 아시아1』

커다란 눈물 자국과 크게 찢어진 입이 광대의 상징이라면, 눈물은 박민우식 여행의 본질이고 웃음은 박민우식 표현이다. 웃을 일도 울 일도 모두 재미있게 이야기해 주는 그의 글에서 소금과 빛을 발견할 수 있다. 그것 역시 그의 마른 슬픔이며 해학이다.

인도와 파키스탄 훈자를 다녀 온 이야기『지금이니까 인도, 지금이라서 훈자』를 읽으며 사무치게 그리운 그곳의 향수를 달랠 수 있었다.

찬란하거나 심란하기만 했던 나의 인도, 파키스탄 여행이 조금 더 천 진난만해졌다고 할까.

중국의 리장을 중심으로 여행지에 정착한 사람을 인터뷰한 『행복한 멈춤, STAY』는 자기계발서 백 권을 읽어도 찾을 수 없을 뜨끈한 인생의 비결을 몇 가지 알려준다. 밑줄을 벅벅 그어놓고 세상에 쫓길 때 찾아 읽는 안정제다.

재미있는 글을 쓰겠다고 말하는 글 광대. 생의 기쁨은 물론 고뇌와 아픔의 주름까지 반듯하게 펴 보여주기 위해서 속으로 수많은 다듬이질을 했을 것이다. 그 진동이 찌르르 정곡을 찌르는 이야기. 어려운 문제의 정답도 쉽게 풀이해 주는 참고서 같다. 당신이 무엇을 하든 잘했다고 엉덩이를 툭툭 쳐줄 거 같은 한 여행가의 진솔한 여행기. 우리에게 필요한 건 거창한 것이 아니라 이미 당신이 가진 소소한 것이라고, 당신이 책을 읽으며 미소 짓는 사이에 위로와 응원이 포근하게 감싸 안아 줄 것이다.

> 외로운 사람을 상상하며 써 내려갔다. 열심히 노력해도 성공은 요원해 보이고, 세상엔 잘난 사람만 가득한 것같이 느껴지는 사람…. 그런 사람이 내 앞에 있다고 생각했다. 나는 그에게 내가 만난 사람들 이야기를 해줄 것이다. 세상이 강요한 일방적인 꿈에 희생된 사람이 당신일 수도 있다며 등을 두드려줄 것이다.
>
> -『행복한 멈춤, stay』

립스틱

"동생이 생일이에요. 열아홉 살. 어떤 걸 좋아할까요?"

몇 번을 망설이다 들어간 화장품 가게에서 립스틱을 몇 개 보여달라고 했다. 아무리 살펴봐도 뭐가 다른지 모르겠다. 색깔도 비슷하고 굵기와 길이도 비슷한데 가격은 세 배 넘게 차이 난다. 어떤 건 윤기가 반짝이고 어떤 건 끈적임이 덜하다는데 도저히 알 수가 없다. 그래서 비싼 걸 골랐다. 비싸면 뭐라도 좋겠지, 안목 없다는 욕은 먹더라도 성의 없다는 소리는 안 들어야지, 나 몰래 교환하러 왔을 때 쪽팔리지는 않게 해야겠다는 마음이었다.

생일이라고 했다. 이층 침대가 열 개 놓인 도미토리에서였다. 늘어지게 자고 일어났더니 나와 그녀 둘뿐이었다. 숙박부를 들고 체크아웃한 베드와 예약된 베드를 살피고 있었다. 앳된 얼굴에 우아한 움직임으로 차근차근 일하는 모습이 참 예뻐 보였다. 상큼하고 청량했다. 천천히 내가 있는 쪽으로 오며 인사를 했고, 몇 마디 이야기를 나눴다. 나는 이 작은 마을이 너무 좋다고 했고, 그녀는 여기서 나고 자랐다고 했다. 부모님 일을 도와드리는 거냐고 물으니, 아르바이트 중이라며 곧 대학에 간다고 한다. 점심때부터 늦은 밤까지 일하길래 당연히 성인인 줄 알았는데, 방금 전까지 예쁘다고 생각한 게 덜컥 걸렸다. 어떻게 해보려는 마음으로 그런 생각을 한 게 아닌데. 늦잠에서 막 깨어났더니 다른 여행자는 모두 사라지고 주변은 온통 나무와 새소리로 덮여있지, 그 사이로 말끔한 청바지와 하얀 티셔츠를 입은 여자가 여유롭고 기품 있게 숙박부를 들고 서있는 분위기가 비현실적으로 예뻤다.

"내 이름은 J예요. 나는 내일모레면 열아홉이 돼요."
"정말요?"
"네, 정말. 내일모레가 내 생일이에요."

한산한 오후. 너른 흙 마당에서 고양이가 나무 타는 것을 구경하며 J와 담소를 나눴다. 계절이 바뀌면 처음으로 시골을 떠나 대학교가 있는 도시로 가서 살게 된다는 이야기, 주말에 쉰다고 했다가 월요일이나 화요일에 쉰다고 했다가 아무튼 자주 쉬지는 못하고 하루에 열두 시간씩 일한다는 이야기도 들었다. 나는 하루에 세 번씩 이 작은 마을을 구경한다고 했고, 곧 며칠 동안 캠핑을 다녀올 거라고 했다. 이 마을이 좋은 첫 번째 이유는 지금 묵고 있는 이 게스트하우스 때문이라고, 여기는 사람을 편안하게 만드는 알맞은 넉넉함과 적절한 부족함이 절묘하게 섞여있다고 말했다. 우리는 오래 이야기하지는 못했다. 나는 내 생각만큼 표현하기에는 영어가 달렸고, J의 발음은 조금 어설폈다.

화장품 가게 옆에 책방이 있다. 누군가 팔고 간 한국어 책이 있을까 싶어 들렀다. 하지만 영어, 불어, 독어 책이 대부분이고 일본어 책도 몇 권 보인다. 읽을 수 있는 책이 없어도 책 냄새 맡는 게 좋아서 종종 들르는 곳이다. 그런데 길에서 아는 사람을 만난 것처럼 단번에 눈에 띄는 제목이 있다. 『Into the Wild』. 번역본이 절판되어 중고 마켓에서 다섯 배의 가격을 주고 사서 읽은 크라카우어의 책이다. 언젠가 원서로 읽어봐야겠다는 생각을 막연히 하고 있었는데, 운명처럼 만난 것이다.

책은 당장 팔릴 거 같지 않았다. 며칠 고민해 보기로 하고 엽서만 사서 화장품 가게로 갔다. 립스틱을 손바닥만 한 종이봉투에 담아 나왔다. 간단한 생일 축하 메시지와 대학 생활에 축복을 바라는 글을 썼다. 그런데 전해주는 게 문제였다. 부유한 나라에서 온 남자 여행자라는 이유로 오해를 살만한 그림이 그려질까 봐 걱정됐다. 다른 직원이나 매니저 앞에서 곤란하게 만들고 싶지 않았다. 이런 일로 눈치를 보는 게 웃기지만 나는 눈치를 보기 시작했다. 괜히 마당을 왔다 갔다 하면서 주변을 살폈다. 당당히 건네면 되지만 나는 집중받는 걸 좋아하지 않았고 잘하지도 못했다. 꾼 돈 갚는 심정으로 살피다가 적당한 때에 불쑥 내밀었다. 그녀는 조금 놀랐고 나도 서먹서먹했다.

이틀 뒤 캠핑을 갔고, 돌아올 때쯤 메시지를 보냈다. 베드를 하나 예약하고 싶다고 했더니, 그새 만실이 됐다고 한다. 돌아와서 들렀더니 오후에 다시 오란다. 혹시 체크아웃하는 사람이 있으면 꼭 자리를 잡아 두겠다고. 하지만 자리는 나지 않았다. 같은 가격에 다른 숙소를 알아봐 준다고 했지만 이미 내가 살펴본 곳이었다. 갑자기 떠나고 싶어졌다. 돈을 좀 더 내고 제대로 된 싱글룸을 잡았고, 하루 푹 쉬고 다음 여행지로 옮겼다. 결국 책은 사지 못했다. 대신 립스틱을 선물했으니까.

우리는 가끔 안부를 물었고, 그녀는 몇 번이나 'Miss you'라고 답장하고 댓글로 남겼다. 번역을 하지 않는 것이 더 진의에 가까운 말.

> 사람과 사람이 부딪히는 상호 작용이 내일도 모레도 계속 이어진다는 것만으로도 인간에 대한 무한한 감사함이 솟아난다.
> -『1만 시간 동안의 남미1』

그 여행이 끝나기 전이었다. 그곳을 떠나고 한 달 반쯤 지났을까. 립스틱은 마음에 드냐고 뒤늦게 물었더니, 이미 끝이 보이는 립스틱과 내가 쓴 악필 날리는 엽서 사진과 메시지를 답장으로 보내왔다.

'Miss you'

대학을 간 그 아이는 한껏 유치해져 있었다. 내가 보기에는 딱 좋은데 살을 빼야 한다고 징징거렸고, 친구들과 어울려 재잘거리며 시시한 동영상을 찍어 올리는 모습이 이제야 제 나이 같아 보였다. 머리를 묶어 이마를 드러내고 체육복을 입은 사진은 게스트하우스에서는 볼 수 없었던 소녀의 모습이었다.

내가 운이 좋아 너의 어른을 먼저 만났고, 너는 지금보다 순수한 나를 만났던 거구나. 네가 립스틱을 끝까지 써준 만큼 나는 이렇게 나이 듦이 좋아졌어. 다음에 만나면 엉뚱한 걱정 없이 손을 흔들자. 차 한잔 하면서 밀린 이야기도 나눠야지.

우리는 원래, 살던 대로 살아가면서 새로운 누군가를 계속해서 알게 되지. 그리고 계속해서 모르게 되기도 하지. 한 사람을 얼마나 오래 아느냐가 중요한 게 아니라 어떻게 알다가 어떻게 모르게 됐느냐가 중요할 때도 있어. 얼마나 오래 사느냐가 아니라 어떻게 살았느냐가 중요한 것처럼.

'Miss you too'

> 우리가 혹시 부자나라에서 태어났거나 건강하다면, 그건 단지 그런 걸 허비하라고 태어난 건 아닐 거예요. 분명 그 축복은 어딘가에 쓰라고 태어난 운명이 아닐까요? 다른 사람을 웃게 만들고, 적게나마 환경과 지구, 이웃에 기여를 하고, 긍정적인 에너지를 남겼다면 그것이 바로 성공한 삶이 아닐까 싶은데요.
>
> — 『행복한 멈춤, stay』

소확행

민망해 죽을 거 같을 때가 있다.

친구가 고슴도치 새끼인 줄 모르고
"얘가 작가야."라고 처음 보는 사람에게 소개할 때.

더 민망할 때는
"어머, 대단하시네요."라고 화답할 때.

더 더 민망할 때는
"회사 그만두고 여행 다녀 왔잖아."라고 설명할 때.

그 중에서도 최고는
"나도 그렇게 살고 싶어요."라며 남다르게 봐줄 때.

나는 대단한 결정을 내린 것도 남다른 것도 아니다. 해바라기가 해를 향해 고개를 드는 것처럼 내게 필요한 양분을 쫙쫙 쏟아내는 쪽으로 심장을 돌린 것뿐이다. 만물이 그렇듯 스스로가 나아지는 쪽으로 조금씩 바꿔가는 일, 나도 그랬던 거다.

> 남들이 보면 왜 사서 고생할까 갸우뚱하겠지만, 안정된 삶도 누군가에겐 큰 공포일 수 있다. 크게 불편하지 않지만, 기대할만한 것도 없는 삶이 주는 공포. 기대 없는 하루하루로 연명하다 죽어 버리는 일생. 모든 게 순조로운 삶이 주는 공포. 그 무서움이 견딜 수 없는 사람은 무거운 배낭을 짊어진다.
> — 『1만 시간 동안의 아시아3』

직장에서 나오며 지난 일년 동안 받은 급여명세서를 더해봤다. 쓰지 않고 두 해를 모은다면 억 소리가 날만큼 적지 않은 금액이었다. 이제 그런 돈이 꼬박꼬박 들어올 일은 없다. 어차피 그 돈이 전부 필요할 거 같지는 않다. 그 돈으로 살 수 있는 게 많더라도, 정작 나한테 꼭 필요한 건 비싸지 않거나, 돈으로 살 수 없었다.

돈보다는 자유.
내가 살아있다는 것을 확인할 수 있는 자유.
내 삶의 최대한 많은 부분을 스스로 결정하고 책임지겠다는 자유.

결국 나도 잘 살고 싶어서 무던히 애쓰는 한 명의 연금술사이며 나만의 방법으로 금을 만드는 것뿐이다. 그 길에 내가 바라는 행복이 있다고 믿는 것이고, 만약 틀렸다면 다른 길로 들어서면 된다. 죽을 때까지 이런 시도를 멈추지 않고 싶다.

> 샘소나이트 가방과 아이폰 6S 때문에 불행하다면, 그걸 가져도 불행할 겁니다. 뭘 가져야 행복하다면, 불행한 거예요.
> -『지금이니까 인도 지금이라서 훈자』

소소하지만 확실한 행복.

혹자들은 일을 벌일만한 사회적 분위기나 경제적 여건이 저하돼서 사소한 것에 눈을 돌렸다고 한다. 내 생각은 다르다. 막연히 좋을 거라고 여기며 좇던 신기루의 실체를 알아차린 사람들이 드디어 자신의 소리를 듣기 시작했다. 한 달이 행복하려면 새 차를 뽑고 명품을 사야 할지도 모르지만, 지금 당장 미소 짓는 건 좋아하는 음악이 담긴 플레이리스트나 영화표 한 장, 갑자기 불러서 치킨을 먹을 수 있는 친구면 충분하다. 맥주를 마시며 책을 읽다가 까무룩 잠들어버리면 되고, 퇴근길에 카페에 들러 웅성거림을 즐기는 것도 좋다. 집 근처에 맛있는 떡볶이 가게를 발견하면 삶의 질이 훅 올라가는 것처럼.

> 제가 선택한 '고됨'이 남에게 강요받은 '안락'보다 저는 더 좋더라고요.
> -『행복한 멈춤, STAY』

소소하지만 중요한 것을 하나씩 수집했더니 심심할 틈이 없어졌다. 계란 한 판 사러 일부러 재래시장까지 걸어가는 것도 좋고, 향을 피워 놓고 가만히 라디오를 듣는 것도 좋다. 좋아서 좋아했다가, 이제는 좋은 거니까 좋아진다. 한 번 좋은 건 늘 좋을 것이고 나쁜 것도 마침내 차츰 좋아질 것이다. 인생은 무섭고도 간편해서 이렇게 바라는 것 말고는 뾰족한 수가 없다. 자신에게 필요한 것을 기다리지 말고 찾아낼 수 있는 사람이 차츰차츰 나아질 수 있다.

자신이 좋아하는 것을 찾아야죠.
그게 우리가 존재하는 이유겠죠.

-『행복한 멈춤, stay』

용서

나는 사람을 심판하지 않으려고 애쓴다. 어떤 해를 끼쳤더라도 그런 짓을 한 사람이라고 받아들일 뿐, 악의적이라고 섣불리 억측하지는 않는다. 반복되는 잘못이 아니라면 한 사람에 대해서 사실로만, 편견 없는 사실로서 기억할 뿐이다. 고의였던 실수였던, 문제를 바로 잡을 수 있는지가 중요하다.

험담은 흘려들어야 한다. 설령 실제로 나쁜 사람일지언정 내게 나쁘지 않았다면 어떻게 먼저 미워하고 두려워할 수 있을까. 더군다나 겪어보지 않고 험담에 가세하는 건 비열한 행동이다. 아직 진실을 알지 못하기 때문이다. 말을 옮긴이조차 알지 못한 속사정이 있을지도 모른다. 하지만 나는 적당히 맞장구를 치고 진심으로 위로할 것이다. 진실과 상관없이 내 앞에 있는 당신 마음을 다독이기 위해서. 당신이 원하는 것은 어떤 사람을 열렬히 같이 씹어대자라는 게 아니라, 다친 마음을 배설함으로써 조금이라도 나아지기 위한 것임을 아닐까.

내가 좋지 못한 인연을 만났다고 해서, 그들의 진정성까지
부정한다면 그땐 정말 모든 걸 잃는 거죠.

-『행복한 멈춤, stay』

내가 여행을 하며 깨달은 건 세상이 나에게 친절하고 정직할 수 없다는 사실이다. 알면서 속아야 하는 경우도 있지만 반복될수록 그것을 자연스러운 생리라고 받아들였다. 외국인이라서 편의와 환대를 받기도 했던 만큼 좋은 먹잇감이 되기도 한다. 둘 중 하나만 원할 수는 없다. 다행히 좋은 것에서 나쁜 것을 뺐을 때 좋은 순간이 훨씬 많이 남기 때문에 여행을 계속할 수 있다. 나쁜 것은 그때그때 분리수거해 버린 덕분이다.

상상으로 나쁜 일에 살을 붙이지 않았으면 한다. 상황이 원망스럽더라도 사람까지 미워하면 더 버거워진다. 상황은 시간이 걸리더라도 해결되지만 사람에 대한 감정은 쉽게 정리되지 않는다. 누군가를 미워하는 것이 누군가를 사랑하는 것보다 에너지 소모가 훨씬 큰 거 같다. 한 명을 미워할 힘으로 두세 사람을 좋아하자.

우리는 정말 많은 사람들과 관계를 맺으면서 상처를 받고 미워하며 살죠. 용서…. 그게 아주 쉬운 사람은 없겠죠. 하지만 용서하지 않으면 그땐 무엇이 남나요? 내 마음속의 증오는 용서하지 않으면 사라지지 않아요. 그 쓸쓸한 긴장감은 지속되겠죠. 하지만 그를 받아들이고 나면 제 마음은 평화로 채워지죠.

-『행복한 멈춤, stay』

고집스럽게 산다는 핑계로 잘난 것도 없으면서 무책임하게 외친다. 행복과 용서는 절대 미루지 말라고! 행복하지 않은 사람이 다른 사람을 행복하게 해주기는 어렵다. 충만한 사람이 되면 자신을 아름답게 가꾸기 위해서 용서에 너그러워질 수 있다. 달라이 라마가 말한 것처럼 용서는 스스로에게 베푸는 가장 큰 자비이자 사랑이며, 용서함으로써 가장 편안해지는 것도 자신이다. 나는 이렇게 용서마저 이기적인 사람이다. 나의 안정을 위해서라도 용서에 인색하지 않으려고 한다.

> 싸웠던 기억은 아득한데, 화해하는 법을 모르는 사람들. 우리도 다르지 않다. 다가서는 법과 화해의 손길을 내미는 건 항상 어렵다.
> ―『1만 시간 동안의 남미2』

하지만 아직 용서도 화해도 못 한 사람이 있으니 바로 자신이다. 방자한 세 치 혀와 미숙한 행동으로 눈에 불을 켰던 순간들이 잘 잊히지 않는다. 화해하기에도 용서를 구하기에도 너무 늦어버린 일들. 이미 아무 일이 아니게 되었을 수도 있지만 잘못을 제때 스스로 말하지 못한 나에게는 여전히 진행형이다.

그래서 누군가를 용서할 때는 마음으로만 하는 것보다 "괜찮아!"라고 꼭 말해주는 게 좋다. 용서받았다는 것을 알려주는 것까지가 용서이며, 용서하는 사람이 해야 할 일이다.

찬타부리

정찰제가 없는 곳에서는 누구는 비싸게 사고 다른 누군가는 싸게 산다. 필요한 만큼, 절실한 만큼 지불하는 게 자신의 가격인 셈이다. 남들보다 몇백 원 비싸게 샀더라도 사는 순간에 만족했다면 괜찮은 거래를 한 것이다. 물론 터무니없이 속이는 치들도 있지만 그렇게 한탕씩 해먹어야 이 값싸고 재미있고 불온한 시장이 유지될 수 있다.

어떤 곳에 가면 가격을 분석해보곤 한다. 시장에서 천 원 하는 볶음국수와 레스토랑에서 만 오천 원 하는 볶음국수의 원가는 얼마나 차이가 날까. 재료 원가는 별 차이가 없을 것이고, 임대료와 인건비가 다르겠지만 가격 차이에 비하면 중대한 비중은 아니다. 결국 분위기와 서비스다.

시장에서는 후다닥 먹고 일어서야 하고 주인이 시끄럽게 소리를 지르거나 주방장이 담배 피운 손으로 팬을 잡아도 할 말이 없다. 그러니까 천 원이다. 호텔이나 고급 레스토랑은 다르다. 거기에는 친절하고 깨끗한 서비스가 가격에 포함되어 있기 때문에 지켜야 할 건 지켜야 한다. 합리적인 요구도 할 수 있다. 홀 직원과 주방장은 충분한 교육을 받았으므로 기본을 하지 않는다면 직무유기다. 이런 부분은 매니저를 따로 불러 이야기하더라도 손님의 위세가 아니라, 현명한 소비자가 좋은 가게를 만들어 주는 일이다.

그러니까 제발, 가격이 저렴해서 좋다는 나라의 길거리 좌판에 제 발로 찾아가놓고 무식한 놈, 국민성 운운하는 소리는 하지 말라. 그런 사람은 좋은 것을 본 적은 있지만 좋은 사람이 되지는 못했다. 맛있고 분위기 좋고 청결하고 친절한 곳을 원한다면 그만큼 두꺼운 지갑부터 열고, 그것을 즐기고 감사할 줄 아는 교양까지 갖춰라.

나는 천성이 천 원짜리 국수에 만족해서 지갑이 얇아도 괜찮다. 오히려 눈망울을 굴리며 긁적거리면 서비스로 계란프라이라도 척 얹어 주는 건 시장 쪽이다. 손바닥만 한 빵이 몇만 원씩 하는 디저트와 보름치 숙박비에 맞먹는 식사를 한 적도 있다. 개인 수영장과 전용 해변이 딸린 별 다섯짜리 호텔에서 묵으며 담당 메이드 직원이 차려주는 식사를 해본 적도 있다. 끝내주게 좋다. 하지만 가성비는 만족스럽지 못했다. 이것저것 해보고 가장 효용이 높은 걸 하는데, 지금은 배낭여행이다. 앞으로 기호가 바뀌면 여행도 달라지면 된다.

배낭여행에 헝그리 정신의 투지 같은 건 없다. 물론 진짜 배고픈 여행자도 있지만, 대부분은 당장 짐을 싸서 호텔로 옮길 수 있는 돈이 있어도 흥정하는 감칠맛이 좋아서 도미토리에 둘러앉는다. 그중에는 워킹홀리데이를 마치고 세계일주를 시작한 학생, 병원을 때려치운 의사와 간헐적으로 일하고 그만두기를 반복하는 간호사, 임대수입이 두둑한 노신사, 전역한 지 며칠 안 된 직업군인, 신혼여행 중인 부부, 재벌 3세까지 다양하다. 그렇지만 오늘밤은 같은 바닥에서 같은 하늘을 덮고 잔다. 이들은 배낭 하나와 얼마 되지 않는 돈으로, 꿈을 꾸는 게 아니라 꿈을 이루는 중이다. 여행은 이렇게 잠시나마 살아보고 싶은 대로 살아볼 수 있는 자신만의 연출이다.

> 돈이 행복을 좌우하는 것이 아니라, 지금 당신이 무엇을 하고 있냐가 행복을 만들어주는 겁니다. 돈을 절약하면 나중에 그만큼 돈이 쌓여서가 아니라, 절약을 하는 그 순간이 즐거운 거죠. 돈은 우리가 가질 수 있는 물건들의 하나일 뿐이죠. 돈 때문에 미래의 꿈을 포기하지 마세요.
> —『행복한 멈춤, STAY』

내가 한 편의 시나리오를 쓴다면 다른 나라에서 살아보는 것이다. 이민은 아니다. 여러 가지 성장통을 겪고 있지만 내가 가장 좋아하는 나라는 대한민국이며, 우리나라에서 태어난 덕분에 많은 것을 누렸고 호사스러웠다. 그에 대한 보답으로 우리가 가진 문제를 회피하지 않고 조금이라도 해결하려는 사람이 되고 싶다. 대단한 일을 하려는 건 아니다. 기회가 될 때마다 옆 사람의 어깨를 톡톡 다독여주는 정도가 내가 가진 그릇의 크기인 거 같다. 타인을 돌봐야 하겠다는 용기를 준 건 낯선 곳에서의 경험이다. 그래서 다른 곳에서 살아보면 그 마음을 더 단단하게 담금질할 수 있을 거 같다.

> 저는 늘 다른 곳에서 살아보라고 사람들에게 권해요. 다른 나라, 다른 문화에서 맘껏 날갯짓을 해보라고요. 사람은 경험에 따라서 사고의 반경이 결정되죠. 보는 만큼, 경험한 만큼 생각하게 된다고 생각해요. 다른 세상을 경험해보지 않은 사람은 '내 것', '우리 것'에 유난히 집착을 하죠.
> —『행복한 멈춤, stay』

지금 생각나는 곳은 태국의 찬타부리(Chantaburi).

태국 이곳저곳이 관광객으로 들끓지만 찬타부리는 종일 돌아다녀도 외국인 관광객은 열 명 안팎이고 오히려 태국 관광객을 조금 더 많이 만나게 되는 소도시다. 베트남식 불교와 중국식 도교가 고작 2킬로미터 남짓한 거리에 섞여있다. 불교 국가인 태국에서 쉽게 볼 수 없는 크고 아름다운 성당 중 하나가 여기에 있다. 무슬림 보석상이 거리를 점령하는 주말에는 마치 파키스탄에 온 느낌이다. 태국 최대의 과일, 채소 생산지라서 시장에 가면 에덴동산이 따로 없다. 태국에서 빼놓을 수 없는 음식인 팟타이면도 대부분 이곳에서 만든다. 그래서 작은 도시임에도 불구하고 태국 음식은 물론 베트남 음식, 무슬림 음식, 각종 바비큐 요리가 넘쳐나고 재래시장에는 굽고 절이고 끓인 다양한 생선과 반찬이 쌓여있다. 걸어서 십 분 거리에 있는 쇼핑몰에는 세계적인 외식 체인이 모여 있어 기분 내고 싶은 날에는 얼마든지 입맛을 달랠 수 있다. 대형 야외 푸드 코트와 극장, 서점이 있어서 심심할 틈이 없다. 스쿠터를 빌려 삼십 분만 달리면 아찔한 해변과 해수욕장이 연이어 나타난다. 세계적인 희귀동물인 라와디 돌고래를 돌보는 수족관도 있다. 멀지 않은 곳에 수원시보다 큰 국립공원이 있어 소풍이나 캠핑할 일도 생길 거 같다. 집집마다 고양이를 기르고 힘들게 찾아낸 훌륭한 요가 아카데미까지. 내가 바라는 건 모두 갖춘 곳이다. 그중에서 가장 매력적인 건 그곳에 살면 왠지 새롭게 만난 이웃들과 함께 부대끼며, 진짜 태국의 과즙을 맛볼 수 있을 것만 같다. 불시착이나 다름없던 찬타부리에서 새로운 삶을 펼쳐보고 싶은 마음이 커져간다.

나그네는 마음을 열어야 한다. 그래야 길이 보일 것이다. 사람이 보일 것이다. 사이사이 동전을 구걸하는 거지와, 겁에 질린 듯한 사람들에게서 품어져 나오는 자존심과 희망을 읽어내야 한다. 그것이 여행자들이 미지의 세계에서 해결해야 할 숙제일 것이다.

-『1만 시간 동안의 남미2』

요즘은 한 달 살기가 유행이지만, 실은 장기투숙에 가깝다. 산다는 건 살림을 차리는 일이기 때문에 준비가 필요하다. 음식을 만들 작은 주방이라도 있어야 하고, 손빨래를 할 만한 별도의 공간이 필요한다. 휴양과는 다르기 때문에 돈을 얼마나 벌든 아니면 벌지 못하더라도 그곳과 관련된 소일이라도 해야 하는 것이다. 그래야 비로소 겉을 맴도는 게 아니라 속으로 스며들어, '살기'가 되는 것이다.

참 쉽죠

기차나 버스, 비행기가 여행의 시작이라는 강박만 버릴 수 있다면 여행은 참 쉽죠. 멀리 있는 곳에서 여행을 하는 게 아니라 여행을 하는 곳이 여행지가 되는 거죠. 티켓이 아니라 흥분이 여행을 시작하게 하니까요.

맛있는 식당을 찾아야 한다는 강박만 버릴 수 있다면 그런 식당 찾기는 참 쉽죠. 웬만해서는 지금 여기서 걸어갈 수 있는 거리에 맛있는 식당이 열 곳쯤은 있으니까요. 인터넷으로는 못 찾아요. 발품이 책임집니다.

남는 건 사진뿐이라는 미련만 버릴 수 있다면 감동은 참 쉽죠. 카메라를 내려놓고 지루한 임계점이 지나면 다섯 가지 감각이 각성하거든요. 그때부터 원 셔터 원 작품.

새로움에 대한 편집증을 내려놓으면 만족은 참 쉽죠. 스케치만 하며 다니지 말고 두 번 세 번 자신의 감각으로 다시 보세요. '여긴 한 번 가 봐서 잘 알지'라는 생각이 부끄러워질 테니까요.

> 여행은 장소뿐만 아니라 시간을 여행하는 것이기도 하다. 그래서 같은 곳을 본다고 해도, 다른 시간이라면 다른 곳을 본 것이다.
> —『1만 시간 동안의 아시아1』

불안감을 이용하면 설렘은 참 쉽죠. 불안하니까 설렐 수 있는 거예요. 불안한 게 당연한데, 그게 뭐가 문제죠.

'빨리빨리'를 포기하면 여유를 즐기는 건 참 쉽죠. 진짜 빨라야 하는 상황은 별로 없어요, 늦는다는 걸 못 견디는 거지. 자신에게 어울리는 빠르기가 있어요. 제 속력을 찾으면 우리는 더 여유로워지죠.

사귀는 걸 목표로 생각하지 않으면 외사랑은 참 쉽죠. 앞으로 시간은 많은데 사랑과 우정 사이에서 조금 더 오래 있으면 어때요. 아름다운 추억이 될 거예요. 두근두근.

돌려받을 생각만 하지 않으면 축의금 내는 건 참 쉽죠. 축하하는 마음을 형편에 맞춰서 당당하게. 섭섭해하거나 오해할까 봐요? 그런 생각이 드는 상대라면 차라리 몇 장 더 빼세요.

거창하게 생각하지 않으면 행복은 참 쉽죠. 지금 딱 떠오르는 건 보통 별거 아니잖아요. 그 정도 여력은 있죠. 그것마저 귀찮으면 영영 어쩔 수 없고요.

커튼을 모두 젖히세요. 햇빛이 환하게 들어오는 당신 방은 호텔 스위트룸입니다. 룸서비스를 원하신다면 수화기를 드세요. 수많은 일류 피자와 정통 중국 요리가 기다리고 있잖아요.
  ─『행복이 별처럼 쏟아지는 구멍가게』

리스트를 만들지 않으면 세상살이는 참 쉽죠. 그놈의 리스트. 망각의 축복을 왜 거슬러 독을 품나요. 음악이나 영화처럼 좋아하는 리스트만 만들어요.

부끄럽게 살지 않았다면 초대는 참 쉽죠. 내가 꾸민 공간에서 함께 시간을 보내는 것, 멋지잖아요. 훔친 물건 가져다 놓은 것도 아닌데.

내 거만 신경 쓰면 고기 굽는 건 참 쉽죠. 괜히 뒤집어주려다 그게 합쳐져서 수십 번. 그것도 쪽쪽 빨던 젓가락으로.

좋아하는 취미가 있다면 혼자 주말을 보내는 건 참 쉽죠. 함께하는 것도 좋지만, 집중할 만큼 좋은 건 혼자가 낫거든요. 책을 같이 읽을 수는 없잖아요.

맹세하지 않는다면 사랑은 참 쉽죠. 사랑할 때 사랑하고 사랑하지 않을 때 사랑하지 않는 것까지 사랑이죠. 또 올 거예요.

감사가 일상인 사람에게 감탄은 참 쉽죠. 누구에겐 흑백으로 보이는 세상까지, 반짝반짝 광을 낼 줄 아는 사람이 있어요. 그 마법의 광약이 감사예요.

내가 잘할 수 있는 게 뭔지 알겠어. 그건 말이지. 아주 잘 감동할 수 있다는 거지. 좋은 것을 봤을 때 맘껏 놀라워할 수 있는 재주. 그것 때문인 것 같아. 그래서 나는 옆 동네도, 지금 이곳도 신기하기만 한 거야. 정말 신기하잖아.
　　　　　　　　　　　　　　－『1만 시간 동안의 아시아2』

사랑을 확인하는 가장 확실한 방법

　못나빠진 인간들은 여행 중에 헤퍼진다고 비난한다. 쌍심지를 켜는 이유는 연애는 곧 섹스라고 생각하기 때문이다. 아니면 섹스가 곧 연애라고 생각할 수도 있다. 함께 여행했다고 하면 같이 잤냐 같은 방을 썼냐 말았냐로 타인의 연애를 심판하려는 사람이, 단 한 번이라도 누군가의 진정한 사랑을 받아 보긴 했을까.

　첫 책을 읽은 독자 몇 분은 어떻게 '섹스'라는 단어를 과감하게 쓸 수 있었는지 감탄 아닌 감탄을 해줬다. 그건 여행 중에 섹스한 이야기도 아니고 어떤 이야기 끝에 상징적으로 쓴 단어일 뿐이다. 청소년이 읽어도 문제가 되지 않을 내용이다. 첫 책을 쓸 때 나는 서른이 넘었고 그럴듯한 연애경험도 있었다. 나 같은 보통 사람이라면 그렇게 놀랄 일은 아닐 텐데, 여전히 우리 사회에서 섹스는 유독 빨갛고 굵은 글씨인 거 같다.

이런 이유 때문인지 여행기에서 러브스토리는 보기 힘들다. 말할 거리가 못 된다면 밝힐 필요는 없다. 하지만 오해받고 싶지 않아서 일부러 쓰지 않는 이야기도 많을 거 같다. 인터넷 기사만 보더라도 열애 보다는 결별에 더 공들인 흔적이 있다. 누군가의 과거 연인으로 제목과 댓글을 뽑는다. 타인의 과거를 오점이나 가십거리로 기록하려는 문화에서 낯선 곳에서 시작된 사랑이 환영받을 턱이 없다.

여행 중에 여자친구나 남자친구를 사귀는 건 자연스러운 일이다. 여행을 하지 않아도 애인을 만들 수 있는 기회는 온다. 그 기회가 여행 중에 왔다면 자연스럽게 연애는 시작된다. 물론 여행이라는 특별한 상황은 끌림을 운명적으로 느끼게 만든다.

여행 중인 연인은 세상 무엇보다도 아름답다. 그들은 여생을 함께 할 부부가 되기도 하고, 각자의 여행을 계속하기 위해 어쩔 수 없이 헤어지기도 한다. 의견이 차츰 달라지고 삐걱거리다가 마침내 폭발하기도 하고, 고국이나 가족이 그리워 귀국을 앞당기기도 한다. 어쨌든 이들은 인간이 할 수 있는 가장 위대한 행위를 하는 중이다. 그것도 서로의 패를 완전히 드러내놓은 채로.

> 서로 마주보는 일은 기적처럼 힘들다. 그래서 우리는 운명적 사랑이었다고 생각되는 순간을 한두 번밖에 간직할 수 없는 건지도 모른다.
>
> ―『1만 시간 동안의 남미1』

사랑하는 사람이 생긴다면 적어도 한 달 이상 여행을 함께 해보라. 서로의 차이와 한계를 확인하고, 간격을 좁혀나가는 데는 여행만한 게 없다. 아침을 매일 먹어야 하는 사람인지, 잠자리는 가리는 편인지, 먹는 양은 얼마나 되고 어떤 순서로 먹는 걸 좋아하는지, 돈을 쓰는 우선순위와 아껴 쓸 때와 기분 낼 때는 언제인지, 다른 나라 사람을 대하는 태도는 어떤지, 서로의 모든 것이 완전히 날것으로 드러나는 모습을 볼 수 있다.

만약 싸우게 된다면 화해하는 과정도 알게 된다. 싸웠다고 해서 각자의 집으로 돌아가서 며칠 생각한 다음 다시 이야기할 수 없다. 어떻게든 당장 해결을 해야 밥이 넘어간다. 컨디션이 안 좋을 때는 아무 이유 없이 짜증을 내야 하고, 그것을 받아 줄 사람은 딱 한 사람뿐이다. 매끼 먹고 싶은 게 다르고, 보고 싶은 게 다르다. 좋아하는 도시가 달라서 가고 싶은 곳도 다르다. 서로의 취향과 인생관을 알게 되는 것은 기본이고, 양보와 의논하는 태도까지 알게 된다.

며칠 동안 휴가로 여행을 온 것이라면 한번 꾹 참거나 배려하면 그만이지만 장기 여행에서는 오히려 독이 된다. 이렇게 서로의 민낯을 교환하면서 상대방을 얼마나 의지하고 믿을 수 있는지 깨닫게 되는 것이다. 이런 건 주말 데이트 백 번을 해도 알 수 없다. 어쩌면 함께 산다고 해도 제대로 알기 힘들다. 여행은 가진 게 적은 날의 연속이고, 긴장과 예민함이 하루를 채운다. 쉽게 한계를 드러나게 만든다. 이런 척박한 조건에서 서로가 어울리는 포인트를 발견했고, 서로를 위해줄 수 있다면 강하게 끌릴 수밖에 없다.

> 사랑은 공평하게도 뜨거운 정열과 낭만을 수혈해주는 대신,
> 구차한 현실과 하늘 같은 희생을 요구한다.
> －『1만 시간 동안의 남미3』

나는 여행을 통해서 나에 대해서 말하고 싶다. 내가 어떻게 살려고 하는 사람인지 당신이 짐작할 수 있도록 해야 할 의무가 있기 때문이다. 당신을 위해서 노력해야 할 것과 바뀔 수 있는 것을 스스로 깨닫고 싶다. 내가 좋아하는 삶의 순간이나 감동을, 당신이 함께 즐겨줬으면 좋겠다고 부탁하고 싶다. 종일 붙어있어도 불편하지 않은 사이면서 떨어져 있어도 불안하지 않은 사이가 되면 좋겠다. 평생 함께하자고 손가락을 걸기보다는 지금이 가장 아름다운 순간이라며 입을 맞추는 게 더 좋다. 여행이 끝날 때쯤에, 지금부터 둘만의 여정을 시작하자고 말할 것이다.

> 인도에서 만났어요. 처음 만나고 한 시간 정도 이야기한 게 전부였죠. 그런데 이 남자가 청혼을 하는 거예요. 깜짝 놀랐죠. 사실 그전엔 결혼이란 걸 생각한 적도 없었으니까요. 그런데 그냥 저도 그러자고, 결혼하자고 그래 버렸죠.
> －『행복한 멈춤, Stay』

만약 여행 중에 당신을 발견한다면 용기 낼 수 있기를. 내가 선택한

나라의 고르고 고른 도시, 내 취향이 듬뿍 담긴 숙소, 내가 좋아하는 분위기의 카페에서 당신을 만난다면 어쩌면 이미 많은 것이 닮은 건지도 모른다. 마찬가지로 당신도 나를 알아봤다면 좀 더 빨리 가까워질 수 있다. 우리는 자연스럽게 여행을 함께 하면서 아주 오랫동안 대화하고, 어느 순간 장소가 아니라 당신을 여행하고 있다는 생각이 든다면 잊지 못할 여행이 될 것이다.

> 놓쳐버리는 사랑은 있어도, 너무 늦은 사랑은 없어요.
> ─『행복한 멈춤, stay』

친구가 인도로 떠났다. 우리는 고등학교 때부터 인도에 대해서 이야기했고, 친구는 나보다 먼저 인도를 다녀왔다. 내게도 인도가 잘 어울릴 거라고 이야기해 줬다. 몇 년 뒤 나는 인도를 다녀왔고, 우리는 일 년에 한두 번 만날 때마다 소주를 마시며 여행 이야기를 했다. 친구는 그 뒤로 인도를 한 번 더 다녀왔고 오랫동안 배낭을 멨다. 평생을 떠돌 수 있을 녀석이었지만 현실은 암담했다. 대학로에서 과메기에 막걸리를 마시던 겨울밤, 친구는 마지막으로 인도에 다녀오겠다고 말했다. 여행에 대한 아쉬움은 남았지만 잘 놀았고 잘 살았다며, 다녀와서 공무원 시험을 준비하겠다며 떠났다. 성에 차지 않을 한 달 일정이었다. 모든 것을 내려놓는 모습이 애잔하면서도 멋있었다. 친구는 인도에서 열 명 정도 되는 무리와 어울리게 됐다. 대부분 인도를 여행한 적이 있고 혼자 온 여행자들이었다. 친구의 여행은 끝났지만 누군가는 아직 인도에, 누군가는 다른 나라에, 나머지는 전국으로 흩어졌다. 하지만 그들의 인연은 지금까지도 이어지고 있고, 그중 한 명은 친구와 짝이 됐다. 돌아오자마자 공시생이 된 친구는 일 년이 지나지 않아 시험에 합격했다. 발령까지 남은 시간은 삼 주 정도. 친구는 앞으로 몇십 년 동안 마지막이 될지도 모르는 여행을 떠났다. 둘이 함께였다. 사람들이 잘 여행하지 않는 지중해의 한 나라를 다녀왔고, 두 사람만의 첫 여행이었다. 공시생 생활 때문에 하지 못했던, 제대로 된 첫 데이트이기도 했을 것이다. 여행에서 돌아온 그들은 서로에게 꼭 맞는 모습으로 빛나고 있었다.

샨티 샨티.

여행의 매력은 이런 의외성이다. 내가 마음을 주지 않았는데도 내 마음으로 들어와 버린 새로운 사랑을 발견하는 것, 그 사랑이 오랫동안 나를 달뜨게 하는 것, 찰나의 교감으로 영원히 가슴앓이를 하는 것. 우연으로 시작된 사랑이 평생의 인연이 되는 것.

— 『1만 시간 동안의 남미1』

행복하신가요

'happy'는 많이 쓰지만 '행복'은 쓸 일이 많지 않죠. 어느새 '행복'은 쓰기 어색한 단어가 되었는지도 모릅니다.

글쎄, 한 친구가 "나는 행복해."라고 말했는데 그게 오랫동안 기억에 남더군요. 부러워서가 아니라 낯설어서요. 그래서 따라 해봤어요. "나는 행복해."라고. 말하는 내내 어색했어요.

자, 이 문장을 읽자마자 떠오르는 대로 대답해야 합니다.

"행복하신가요?"

행복하다고 대답하신 분들은 뭐가 떠올랐나요? 구체적이지는 않더라도 느낌은 있겠죠. 그 느낌을 쫓아가보세요. 행복의 정체는 확인해야지요.

대답을 망설이신 분들 걱정 마세요. 질문이 어색하면 망설이게 되니까요. 그런데 누가 이렇게 물어준 적이 있었나요? 얼마나 자주요? 언제였나요? 남을 탓하려는 건 아닙니다.

하지만 스스로 물어보지 않았다면 그건 혼나야 할 일이죠. 주가나 막차 시간은 체크하면서 내가 어떻게 살고 있는지는 왜 신경 쓰지 않죠?

다시 묻고 싶습니다.

"행복하신가요?"

뜬금없는 질문일지 모르겠는데요, 행복한가요?
- 왜 그게 뜬금없는 질문인가요? 중요한 질문이죠. 행복은 저를 찾아오고, 또 저를 쉽게 떠나기도 하죠. 영원히 내 곁에 있는 행복은 없어요. 하지만 우리가 그런 사실을 받아들이면 행복은 늘 찾아오는 것이기도 하죠. 우리의 노력이 중요하고, 스스로 행복하다고 암시하는 것 역시 중요하죠.
　　　　　　　　　　　　　　　　　－『행복한 멈춤, STAY』

"행복해, 이건 진짜야. 진짜 미칠 거 같다고."
"행복하니? 꼭 행복해야 해. 기도할게."
"진짜 행복했어. 지금도 행복해."
여행을 떠났더니 죄다 행복 타령이더군요.

"밥 먹어서 행복해?", "비 와서 행복해?", "오늘이라서 행복해?" "낮잠 자서 행복해?" 이런 건 시작에 불과했어요.

"오, 네가 행복하지 않으면 난 뭘 한 거지? 그럼 다 소용없다고." 함부로 입에 안 맞았다고 대답하면, 곤란한 음식보다 더 난감해지죠.

'Good morning'은 한 번 쓰지만 'happy'는 종일 주고받습니다. 모르는 사이라도 문제없어요. 심각한 이야기가 아니니까요. 그러니까 우리는 여행자인 줄 알았더니 행복 전도사였던 겁니다. 세상에는 행복하지 않을 이유가 별로 없더군요. 행복할 수 있는 만큼은 가지고 있었네요. 행복할 수 있는 한 가지 이유쯤은 지금 옆에 있다니까요.

> 세상에서 가장 맛있는 음식이 자장면이었을 때가 가장 행복했던 것 같아.
> ─『행복이 별처럼 쏟아지는 구멍가게』

"잘 지내시죠?"

우리는 안부를 이렇게 묻죠. 사전적 해석을 하려는 게 아닙니다. 문화와 언어학의 차이일 뿐이죠. 하지만 대답은 생각해 봐야 합니다.

수많은 '잘 지내시죠?'에 그렇다고 대답하는 사람이 얼마나 되나요? 제 주위에는 별로 없네요. 저만 그런가요? 기대하는 것보다 적네요. 기대를 낮출 수는 없어요. 그건 물러설 수 없는 것이죠. 잘 지내는 게 마땅할 만큼 열심히 일하고 성실한 당신이, 왜 그럭저럭 지낸다거나 잘 지내지 못한다고 대답하는 거죠?

혹시 쑥스러워서 잘 지낸다는 대답을 못한 분들도 있을 겁니다. 그러면 다행이죠. 그런데 왜 잘 지낸다고 대답하기 민망한 세상이 된 거죠? 왜 상대 기분을 살펴가며 잘 지내야 하는 세상이 된 거죠? 당신이 잘 지낸다고 해줘야 나도 잘 지낼 수 있단 말입니다.

> 진짜로 잘 지내시는지요? 다시 묻네요. 잘들 못 지내시는 것 같아서요. 장사가 잘되는 곳은 이태원, 명동뿐인가요? 치킨을 튀겨도 입에 풀칠하기 힘들고, 방송에 나온 식당만 북적이네요. 실업자 아빠보다는 파리 날리는 가게 사장이 낫다며, 빚 늘리며 사는 아버지들 안녕하신지요? 언제 잘릴지 모르는 직장, 그 직장에라도 들어가면 소원이 없는 청춘들에겐 안녕하냐고 묻지도 못하겠네요. 안녕하지 못한 게 당연한 세상이 되었네요. 이런 걸 바라고 열심히 산 게 아닌데 말이죠.
> ─『지금이니까 인도 지금이라서 훈자』

잘 살기 위해서 지금 잘 살지 못하시는 분들, 편하게 살기 위해서 지금 어지러운 거미줄을 치고 계신 분들, 돈을 벌기 위해서 지금 빚을 지신 분들, 행복하기 위해서 지금 행복하지 않은 분들.

나중에 열 배, 백 배 잘 지내고 행복하시길 기도하겠습니다. 제 처신도 버거워 사회에서 한발 물러선 청년이, 살갗을 가르는 차가움을 어떻게 감히 안다고 할까요. 안다고 하면 아는 만큼 빼고 다 모르는 것이겠지요. 잘 모르니까 묵묵히 기도만 하겠습니다. 당분간은 참고 견디는 시기일지라도 오늘 하루는 꼭 행복하시라고요. 손을 잡아드리고 싶네요. 아직 목표한 만큼 벌지 못했고, 그래서 가진 것은 없고, 늘어난 건 빚과 조급함인데 어떻게 오늘이 행복할 수 있겠어요. 그렇다면 어쩔 수 없네요. 지금 참아서 나중에 가질 수 있는 거 말고, 그런 커다란 거 말고 오늘 하루거리를 찾아야지요. 편의점에 딱 하나 남아 있는 삼각김밥, 지금 먹어야 맛있는 제철 과일, 넉넉하게 남은 데이터, 마침 들어오는 지하철, 어디선가 들리는 노래방 애창곡, TV를 틀자마자 막 시작하는 놓쳤던 드라마같이 시시한 거요. 이런 시시한 거라도 즐겨야 덜 억울할 거 같아서요. 조금이라도 더 자주 행복해야, 버티는 시간이 짧게 체감되지 않을까요.

여러분이 바라는 미래까지 시간을 접어 도착하길 바랍니다. 아참, 그리고 고생 끝에 낙이 온다고 하지만 웃는 법을 매일 연습해둬야 그때 웃지요.

행복은 습관이거든요.

내일 행복하기 위해선 오늘 행복해야 합니다.
-『1만 시간 동안의 아시아2』

Y 이야기

딱 한 번 오래 여행한, 여행자 Y가 들려준 이야기다. Y는 자신이 무엇을 찾아 세계를 헤매고 다니는지 알지 못한다. 한때는 사랑이라고 생각한 적도 있지만, 사랑이 떠돎을 잡아둔 적은 없다. 자신의 사랑은 왜 아무것도 포기하게 만들지 못하는지 애석했다.

사랑을 위해서 어느 것도 화끈하게 포기해보지 못한 그녀의 마음은 이해받기 어려웠다. 하지만 연애의 시작에서는 단순하고 적극적이었다. 나이 차가 많이 나거나 이혼을 했더라도 이 사람이다 싶으면 망설임 없이 먼저 고백했다. 그렇지만 지금까지 자신의 삶을 전부 걸어보고 싶은 사람은 없었다. 물론 삶을 송두리째 바꿔줄 사람을 만나고 싶다는 생각은 항상 가지고 있어서, 자신을 흔들 누군가를 만날 거라는 믿음은 변함없었다.

자신을 못 박아버릴 장소에 대한 갈구도 연애와 비슷하다. 의식을 완전히 잠재워버릴 만큼 신비롭고 아늑한 곳이 있다면, 언제든 정착할 작정이다. 매일 같은 풍경과 같은 사람과 같은 소리와 공기라도 상관없다. Y는 다양한 것보다는 한 가지씩 깊게 교감하는 삶을 추구한다. 나무 한 그루를 심어 놓고 나무가 자라는 만큼 매일 새로울 수 있는 게 Y의 특기다.

Y는 계속 떠도는 중이다. 그녀에게 깊은 영감을 준 곳은 많다. 그럴 때마다 오래 머물렀지만 결국은 터를 닦지 못했다. 떠나는 이유는 없었다. 흥미를 잃은 것도 질린 것도 아니었다. 그리워하면서 떠났고, 떠나서도 그리워했다.

> 아무것도 의지할 것이 없는 쓸쓸함. 그것이 여행의 진정성인지도 모른다. 피하지 말고 똑바로 보라. 의지할 것이 없는 대신 어디로든 갈 수 있는 자유를 얻지 않았는가. 그것은 나그네의 저주이자 축복이다.
>
> ─『1만 시간 동안의 남미2』

맛있는 음식과 술은 Y 인생의 거의 전부라고 할 수도 있다. 자신만의 더듬이로 인심 좋고 맛있는 식당을 정확하게 찾아낸다. 실패하는 일이 없다. 처음 도착한 도시에서도 전생을 기억하는 사람처럼 거침없이 음식과 술을 찾아낸다. 맛 없는 음식만 파는 곳에서는, 덜 맛없는 음식을 고른다. 하루 한 번은 배가 터질 것처럼 먹고, 술을 빠트리지 않는다.

어느날 그녀가 꿈꾸던 샹그릴라 같은 곳에 도착했다. 포근히 감싸 안는 자연과 풍경이 좋았고, 그 속에서 부대끼는 일상도 그녀와 완전히 맞아 떨어졌다. 저녁나절 골목과 시장을 뒤지던 그녀에게 사람들의 호의는 계속됐다. 특히 양고기 커리를 얻어먹었을 때는 세상에 남는 마지막 음식이 되어야 한다고 생각했다. 그녀는 그곳에 오래 머물기로 했다. 영화를 다시 보며 울었고, 울지 않는 날에는 술병을 옆구리에 끼고 별을 봤다. 은하수가 반짝이는 하늘에는 목동과 검은 양 떼가 바람에 실려 왔다. 심호흡을 할 때마다 레몬그라스 향이 폐 속을 들락거렸다. 이렇게 완벽한 느낌은 쉽지 않지만, 처음은 아니었다. 완벽하지만 거기서 일 퍼센트 정도 빠진 느낌. 그게 뭔지는 알 수 없다. 다시 떠돌게 만드는 정도의 완벽함. 그녀는 부족함에 감사했다.

이 주째 길거리에서 마주치는 남자가 있다. 남자도 서서히 Y를 의식하기 시작한다. 누가 먼저 말을 붙여도 이상할 게 없는 묘한 긴장감이 생긴다. 며칠 후 먼저 인사를 한 건 남자였다. 그 뒤로 서로의 숙소를 오가며 차와 술을 마셨다. Y는 남자가 들려주는 영화나 소설에 대한 안목에 푹 빠졌다. 그의 감성과 신념에 완전히 매료됐다. 남자는 Y의 통찰과 순수함에 의지하기 시작했다. 둘은 섣불리 잠자리를 가지지 않았다. 사귀지도 않았다. 둘의 시간은 세상이 정한 시계와는 상관없이 흘렀다. Y는 남자를 이성으로 생각하면서 자신의 세계를 늘려 줄 수 있는 유일한 친구라고 생각했다. 하지만 남자와 연인이 된다는 게 지금 같은 친구 사이보다 더 유익할 거란 확신이 들지 않았다. 무엇보다 연인의 지속가능성은 친구사이보다 낮을 수밖에 없다. 내버려두기로 한다.

Y는 지금까지와는 다른 소극적인 사랑을 시작한 것이다.

지금도 Y는 하루에도 몇 번씩 그를 떠올린다. 남자 자신이 바라보는 세상을 Y에게 설명하던 모습이 생각난다. 이런 이야기를 해줄 수 있는 사람은 세상 어디에도 없다고 Y는 확신한다. 그는 특별하다. 이미 특별하기 때문에 더 특별한 사이가 욕심나지 않는다. 만약 그가 다른 여자와 사귄다면 Y는 괜찮을까. Y 자신이 다른 남자와 사귀면서 그의 매력을 잊지 못한다면 어떻게 될까. Y는 망설였다. 선뜻 배낭이 꾸려지지 않는다. 여전히 아무것도 알아내지 못했다. 하지만 본능은 자꾸 그녀를 등 떠민다.

Y는 왜, 어디로 가려 하는가.

> 아무런 사고도 일어나지 않고, 안락하고 호사스러운 생활을 해보니 그제야 내가 '떠남'을 얼마나 사랑하는지 알 수 있었다. 불안을 찾는 모습, 불안은 나 스스로 선택한 도전을 의미한다. 예측할 수 없는 사고와 고난을 피할 수도 있었지만 그러지 않았다. 길에서 만난 친구, 우연히 보았던 석양, 나를 돌아보게 하는 시간을 얻기 위해 어쩔 수 없이 대가를 치러야 했고, 나는 그 덕에 기적 같은 인연을 만날 수 있었다. 떠나면 또 불안하고, 불편과 불행이 나를 기다리고 있을 것이다. 그리고 그 너머에 나를 전율시킬 무언가도 분명 있을 것이다.
>   —『1만 시간 동안의 남미3』

S 이야기

　　자주 오래 여행하는, 여행자 S가 들려준 이야기다. S는 Y의 마음을 알고 있다. 둘 다 흠뻑 취한 밤, S는 극동전갈에 쏘였고 그 상처를 살피는 Y의 손길은 친구가 아니었다. 그녀의 손길이 싫지 않아서. 그 순간만큼은 취한 척 경계를 풀었다.

　　S는 그만의 세계가 확고하면서 공감력이 뛰어났다. 두 가지 장점은 계속 발달해서 그를 쓸쓸하게 만들었다. 자신과 어울리고 싶어 하는 사람은 많았지만, S의 세계를 이해할 수 있는 사람은 찾기 힘들었다. 스포트라이트를 받는 주인공의 외로움. 사람들이 보는 S는 무엇이든 할 수 있었지만, S가 하고 싶은 일을 사람들이 알아주기는 어려웠다. 점점 외롭고 우울해지는 자신이 두렵고 무서웠다.

　　　여행은 나의 아픔과 절망을 해갈하기 위해
　　　혹은 미지의 세계에 대한 동경을 충족시키기 위해

행하는 거룩한 퍼포먼스다.

        -『1만 시간 동안의 남미1』

 자신을 달래기 위해 시작한 여행이다. 극적인 전개만이 위로가 된다. 여행 중에 여자를 사귀었고 함께 여행했다. 몇 번의 여행에서 S는 연애를 두 번 더 했다. 길 위에서 만나 길 위에서 헤어졌지만, S는 그때마다 자신을 태워 열렬했다.

 S는 Y의 생각을 알고 있다. 연인보다는 안전한 친구 사이에서 갈등한다는 것, 때로는 이성으로 강하게 원한다는 것까지. 자신이 Y에게 특별한 이야기를 해줄 수 있는 유일한 사람이라는 것마저 알고 있다. 하지만 티를 내지 않는다. 사이가 어색해질까 봐 그런 건 아니다. Y는 그럴 여자가 아니다. "그래 나는 널 사랑해. 너는 내게 가장 소중한 사람이야. 하지만 네가 들려주는 이야기를 계속 듣고 싶어. 지금처럼 지내는 게 더 좋을 거 같아서."라고 아무렇지 않게 말할 것이다. 그가 그녀의 마음을 알고 말고는 처음부터 아무것도 아니었다. 그래서 S는 Y에게 빠져들 필요가 없다고, 처음부터 야트막한 담을 쌓았다.

 S와 Y는 멀어지지도 가까워지지도 않은 채, 어느 한쪽이 당기거나 밀어내지도 않은 채 서로의 삶을 어루만졌다.

 하지만 순간은 온다. 두 사람 모두 낯선 곳에 정차 중인 여행자의 운명이다. 여행자이기 때문에 만났지만 여행자이기 때문에 어떤 말이라도 해야 하는 헤어짐의 순간이 온다.

심란함과 설렘. 지금 이 두 가지 감정은 매우 긴요하다. 이 두 가지 감정으로 나는 열심히 베틀을 짤 것이다. 여행이 끝나면 그때야 이해가 되는 무늬로 정체를 드러내겠지.

-『1만 시간 동안의 아시아1』

쓰는 사람

불안하게 하는 것은
불확실한 미래일까.
불확실한 감정일까.

어울리지 않는 옷이라도 걸치면 수치심이 사라질까.
이별을 미루면 처음처럼 다시 사랑할 수 있을까.

나는 참을성이 부족해서, 아무것도 끝까지 견뎌보지 못했다. 밥벌이가 안정되면 속이 뒤끓었고, 속이 편하면 이리저리 치이는 삶이 버거웠다. 연애의 절정에서는 무엇이든 감내할 수 있다고 여겼다가, 절정 다음은 결말이라는 공식이 들어맞았다.

할 수 있는 건 아무것도 없는 사람에게, 아쉬운 소리를 늘어놓을 필요는 없다고 생각해서 말을 아꼈다. 아무것도 해줄 수 없는데도 뭔가를 해주려고 애쓰는 모습을 보는 게 힘들었다.

감성과 감정은 다르다. 감성만 있는 사람은 피곤하고 감정이 앞서는 사람은 불편하다. 감성과 감정은 같은 선에서 연결되지만 다른 차원이다. 그러니 하는 것마다 풀리지 않아 지치고 서운하더라도 슬퍼하지 말자. 누구는 되고 누구든 안 된다. 그게 나고 그런 상황이 겹친 것뿐이다. 절망하거나 자책하지 말라. 채찍질은 말이 잘 달릴 정도가 적당하지, 말의 의심을 사서는 안 된다.

> 누가 나에게 여행하는 동안 무엇이 달라졌느냐고 묻는다면 절망에 파묻히지 않고 기쁨에 점령당하지 않는 법을 배웠다고 말하겠다. 내 앞에 있는 고통에 절망은 하되, 과장하지는 않겠다는 것이다.
> ─『1만 시간 동안의 남미3』

세 살이나 여든이나 녹록지 않은 것은 마찬가지다. 그렇다고 세상이 늘 어렵거나 힘든 것만은 아니다. 그렇다면 인류는 존재할 수 없었다. 세상의 단물을 빨아들이는 재주가 있기 때문에 오늘도 우리는 각자의 껍질을 깬다. 그리고 다시 세상을 받아들인다. 받아들이는 것은 항복이 아니라, 가장 맹렬한 저항이며 나아지겠다는 의지다. 인간이 세상을 아름답게 가꾸는 힘은 바로 이런 정면 돌파다.

세상을 바꾸려 하지 마. 자신을 바꾸라고 숙제를 내주는데,

세상을 탓하고 세상이 변하기만 기다리면 어떻게 하나? 우리가 바뀌는 것이 세상을 바꾸는 것보다 훨씬 어렵지. 하지만 훨씬 본질적인 해답이라네. 당신이 바뀌지 않으면, 지금 당장의 고민이 해결된다 해도 다가올 새로운 어려움엔 전혀 도움이 되지 않아.

-『행복한 멈춤, stay』

"책 한번 내봐야지, 나도 책 쓰고 싶어요."라며 말로 책을 쓰는 사람보다 "내가 무슨 책이에요." 하며 얼굴을 붉히면서도 매일 일기를 쓰는 사람이 좋다. 무엇인가를 쓰려는 사람은 예쁘다. 쓰고 싶은 사람은 일단 써야 한다. 그 문장이 첫 문장이 될지 마지막 문장이 될지 중간에 놓일지는 중요하지 않다. 한 권이 되지 못해도 상관없다. 남들 보기에 미완성일지 몰라도, 쓰려고 한 것 중 완성되지 않은 것은 없다. 숙성되지 않았다면 애초에 쓸 생각조차 하지 못하기 때문이다. 자신만의 스토리, 마침내 그 속에 든 진실을 한 걸음 뒤에서 볼 수 있게 된 것이다. 한 사람을 달뜨게 한 사연은 언제나 이렇게 귀하다.

허망하고 텅 빈 웃음이라도 당신의 마음에 채워 보라. 그 웃음은 진실이 아니라며 부정하겠지만, 당신의 진지한 절망도 진실은 아니다. 직접 품을 팔아 세상과 일일이 부딪쳐 보았으면 한다. 인터넷과 책, 다른 이들의 말로 결론 내지 말고 스스로 만들어낸 결론을 하나씩은 갖고 살기를 바란다.

-『1만 시간 동안의 아시아3』

6부

공존

공존

여행을 예열하는 방법, 여행보다 더 설레는 일 만들기. 어떤 일을 벌이기에 공항 라운지만한 곳이 있을까.

2017년 10월, 다섯 시간 정도 비행하기에 딱 좋은 오후 한 시. 인천 공항 라운지에 앉아 몇 가지 음식과 맥주를 마시고 있었다. 탑승 수속을 기다리며 읽고 있던 책, 그 책을 쓴 작가에게 처음으로 문자로 연락했다. 그의 메일 주소를 받아 내가 하고 싶은 말만 잔뜩 담은 채, 메일을 보냈다. 며칠 후 흔쾌히 자신의 문장을 가져가서 책을 써보라는 답장을 받을 수 있었다. 만나서 감사 인사를 하겠다고 했지만, 그를 만난 건 다음 해 5월이었다. 그동안 아무것도 쓰지 못해서 얼굴 볼 자신이 없었기 때문이다.

그가 들은 여행의 목소리는 내가 감당하기엔 숭고함마저 드는 것이어서, 접근하는 게 망설여졌다. 하지만 절대 빠트려서는 안 되는 이야기라는 건 본능적으로 알 수 있었다. 그는 아주 오랫동안 우리나라의 섬과 오지를 다녔다. 작가의 시선은 곧 사라질 위기에 처한 것들에 머물렀고, 그것들의 존재를 기록함으로써 마지막 유언을 받아쓴 거 같다. 80년 정도 되는 인간의 수명은 과연 어느 정도 긴 것일까. 우리는 자연과 문화 속에서 아주 짧게 스쳐가는 존재다. 한 생에 하나의 돌을 내려 다함께 돌담을 쌓는 것과 같다. 그러니 한 번의 생 안에서 너무 많은 것이 바뀌거나 새롭게 발생하는 것은 심각한 일인지도 모른다. 공존이 어떤 숙제처럼 되어버린 건 과거에는 결코 없던 일이다. 우리가 지켜야할 것, 함께해야 할 것은 무엇일까?

'이용한. 그는 대한민국 최고의 여행작가였다.『사라져 가는 오지마을을 찾아서』는 내가 닿고 싶은, 하지만 닿을 수 없는 여행의 지점이었다. 초보 여행기자 시절 무작 그의 뒤를 많이 따라다녔다. 그런데 어느 날, 그의 마음속에 여행이 아닌 고양이가 들어섰다는 걸 알게 됐다. 노을과 바다와 바람과 나무, 돌, 강을 향하던 그의 카메라는 고양이를 뒤따라 다녔다. 그는 지금 고양이 작가가 되어 고양이 영역을 떠돌며 고양이를 받아 적고 있다.'

내가 이용한 작가를 알게 된 건, 어떤 선배의 페이스북을 통해서였다. 가볍게 이야기할 리 없는 선배의 글을 보며 이용한 작가에 대한 막연한 호기심이 생겼고, 그때부터 그가 쓴 책을 찾았다. 가장 먼저 나온 건 고양이 책이었다. 그다음 그가 여행작가로서 쓴 책을 읽으며 나는 깊게 감동 받고 때로는 절규했다. 절판된 책은 중고서점을 수소문해

구했다. 작가는 우리나라와 여행을 정말 사랑했다. 그는 자신이 사랑하던 존재가 차츰 멀어지는 게 가슴 아파서, 관심을 고양이에게로 돌린 것인지도 모른다고 짐작했다. 우리나라의 오지와 섬, 티베트와 몽골의 느린 시간 대신 고양이를 지키기로 한 것이다. 그는 매일 고양이 사진을 페이스북에 올리고, 고양이를 노래한다. 같은 정성으로 여행을 받아 쓰던 이야기가 궁금하지 않은가. 그 속에는 당신 삶을 지켜줄 메시지가 숨어있다.

사라지는 것들에 대하여, 문화 실록

우리 곁에 있던 많은 것이 사라지고 있다. 사라진다는 것은 어디서부터일까. 공간과 시간, 그리고 기억으로부터다. 실체가 부존으로 바뀌면, 어떤 시점에서부터 다음 시점까지의 연속성이 끝나면, 기억마저도 망각이 될 때 모든 것은 사라지고 만다. 하지만 덧없는 하루라고 치부하지 않는 것은 오래 간직될 무엇인가를 감지하는 본능이 있기 때문이다.

유한한 개인의 기억보다 진실과 현상이 오래가기도 하지만 인간에 의해서 명맥을 잇는 것이 더 많다. 비록 인간은 구체적인 공간에서 연속성을 유지하다가 마침내 종결되는 존재이지만, 그렇기 때문에 사라지지 않게 하거나 퇴장을 최대한 늦추는 가장 좋은 방법을 알고 있다. 바로 기록하는 것이다.

지난 10년간 나는 서민 옛집을 찾아 떠돌았다. 처음에는 '오지 마을'을 다니면서 필연적으로 너와집이나 굴피집을 만나게 되었고, 외면받는 서민 옛집에 대한 동정심이 차츰 애정으로 진전되어 갔다. 그것은 '옛집기행'이라는 책으로 묶여져 나왔으며, 많이 팔리지 않았지만, 이 땅에 흩어진 서민 옛집 보고서를 작성해 보려는 소기의 목적을 이루었으므로 지난 10년간 길에다 버린 시간이 아깝지가 않다. 그동안 내 여행의 주제는 주제넘게도 '사라져 가는 것들, 오지 마을, 옛집, 섬 문화'였다. 하지만 그것은 내가 감당하기에 너무 무겁고 단단한 것이었다.

- 『은밀한 여행』

이용한 작가는 단절 선고가 내려진 장소와 시간을 쫓아 오랫동안 여행했다. 이십 년 전부터 출간된 책에는 지난 세기의 흔적이 담겨있다. 그가 애착한 '옛것'은 이제 공간, 시간, 기억에서마저 흔적을 찾기 힘든 '저편'의 것이 된지도 모른다. 하지만 사라져버린 것을 대신해서 작가가 채워놓은 것이 있다. 바로 시선과 관심이다. 우리 곁에 있는 소중한 것을, 여행을, 공존을 어떻게 바라보아야 하는지 화두를 던진다. 어떤 마음으로 대해야 함께 풍성해질 수 있는지, 메시지를 전하는 것이다.

당장 섬으로 떠나 섬문화를 기록하지 않으면 다른 섬의 섬문화도 도초도처럼 사라지고 말 것이라는 것을 도초도는 내게 말하고 있었다. 그래서 나는 본격적인 섬 여행을 떠났고, 염려한 것처럼 여러 섬에서 사라져가는 섬문화의 마지막을 목격한곤 했다. 계속해서 섬을 여행하다 보니 나중에는 무언가를 기록해야 한다는 목적이 부질없이 느껴졌다. 무언가를 기록하지 않아도 섬은 그저 여행하는 것만으로도 충분한 것이었다. 결국 섬 여행이 거의 끝나갈 때쯤에야 나는 거침없이 자유로운 섬 여행자가 되었다.

-『물고기 여인숙』

작가의 저서에 등장했던 주인공은 이미 사라졌더라도, 그것을 쫓아다녔던 작가의 발자국과 손때 묻은 펜은 사라지지 않는다. 작가의 의도와 진심을 공감한 독자들에 의해서 지켜지기 때문이다.

어찌 됐든 근간의 오지마을을 돌아보며 한 가지 느낀 점은, 그들이 엄청난 속도로 동시대의 지층연대에 가까워지려 한다는 점이다. 오지를 여행하는 사람에게는 반가운 일이 아닐지 모르지만, 그들로서는 어쩔 수 없는 추격이다. 다만 아쉬운 점은 '초가'를 뜯어내고 슬레이트를 얹는다고 해서 더 잘사는 것은 아닐진대, 더 잘살기 위해 자꾸만 오래된 기층문화의 유산들을 폐기처분한다는 점이다.

-『사라져가는 오지마을을 찾아서』

그가 쓴 문화기행서는 이렇게 부지런한 다리와 조심스러운 접근, 그리고 맑은 정성으로 만들어졌다.『사라져가는 오지마을을 찾아서』,『꾼』,『장이』,『사라져가는 이 땅의 서정과 풍경』,『이색마을 이색기행』,『솜씨마을 솜씨기행』,『옛집기행』은 우리나라를 마치 보물지도로 새롭게 기록한 문화기행실록 같다. 블로그에서 화려하게 알려주는 방식이 아니라 잠자기 전 어머니가 읽어주는 전래동화처럼 사뿐한 맛이 있다.

여행지와 현지인을 배려하고 존중하는 태도가 여지없이 드러나는 여행에세이 『하늘에서 가장 가까운 길 : 티베트 차마고도를 따라가다』, 『바람의 여행자 : 길 위에서 받아 적은 몽골』, 『물고기 여인숙』, 『잠시만 어깨를 빌려줘』는 공존과 균형 잡힌 개발을 말하고 있다.

고양이 작가로 알려진 이용한 작가.
『안녕, 고양이는 고마웠어요』, 『흐리고 가끔 고양이』, 『여행하고 사랑하고 고양이하라』로 고양이 신드롬을 일으킨 그가, 사라져가는 길고양이와의 공존을 이야기하는 것도 밀려나는 고양이를 외면하지 못하고 기꺼이 같은 편이 되는 것도, 그가 한 여행과 같은 맥락이다. 고작 3년 밖에 살지 못하고 사라지는 길고양이를 어떻게 두고 볼 수 있었을까. 그의 여행을 읽고 나니 고양이와 여행은 참 많이 닮았다는 생각이 든다.

고양이를 지켜 낸 작가가 지키고 싶어 했던 우리나라의 문화유산, 고양이를 함께 살아야 할 친구로 바라봤던 그의 시선이 담긴 여행에세이. 그의 책을 읽는다면 앞으로 이용한 작가가 이야기하는 고양이에서 여행이 보일 것이다.

완행

역으로 향하는 설렘. 플랫폼으로 들어오는 기차의 진동을 느낄 때의 떨림. 좌석을 찾은 다음 간편한 짐만 챙겨 앉았을 때 느껴지는 안도감. 여행이 시작된다는 흥분. 여기까지만 상상해도 당장 가까운 역으로 가서 아무 기차나 타고 싶어진다.

얼마 전에 진부에 다녀왔다. 금요일 퇴근길에 출발한 차는 서울을 벗어나는 데만 한 시간 반이 걸려서 네 시간 동안 운전해야 했다. 돌아오는 날에는 경강선 KTX를 탔다. 평창을 지나 횡성까지는 막연히 풍경을 감상하다가 원주 만종역에서부터 김윤아의 노래를 몇 곡 들었더니 어느새 청량리에 도착했다. 고작 한 시간 남짓밖에 걸리지 않았다. 동해와 태백산맥, 투박함이 매력으로 여겨지던 강원도가 이렇게 가까워진다는 게 어색했다. 어쩌면 섭섭했던 거 같다. 집으로 돌아오면서 이제 기차여행을 하기 힘들어지겠다고 생각했다.

우리는 한 시간 늦는 것에 안달을 하지만, 여기에서는 한 시간쯤 늦는 것은 늦는 것이 아니다. 비행기도 제시간에 떠나는 적이 없고, 버스는 아예 시간표가 무의미하다. 티베트에서 급하다고 발을 동동 구르는 사람들은 십중팔구 외국인들이다. 티베트에 온 이상 손목에 차고 온 외계의 시간은 아무 의미가 없다. 티베트에 온 이상 티베트의 시간을 따라야 한다.

-『하늘에서 가장 가까운 길』

고속철도와 고속도로가 목적지로 더 빨리 데려다 준 덕분에 관광할 시간이 늘어났지만 여행은 밋밋해졌다. 만약 정동진 가는 기차가 야간열차나 완행열차가 아니었다면 수많은 청춘들은 바다도 해변도 아닌 그 멀건 곳에서 시를 쓰지 않았을 것이다. "우리 정동진에 갈까요?"라고 묻는다면 바다가 보고 싶다는 말이 아니라 당신과 나란히 앉아 밤새 미묘한 긴장을 공유하고 싶다는 말이니까. 정동진을 여행한다는 건 정동진으로 향하는 시간이 팔 할을 차지한다. 모든 것이 너무 빨라지면 이런 여행이 사라지게 된다.

기차가 움직이기 시작하고 점점 속력을 내면서 역사에 남겨진 사람들과 창밖으로 보이는 집과 논, 저수지가 한 페이지씩 빠르게 넘어갈 때, 승객들은 편한 자세를 찾으려고 사부작거리고 도시락 냄새와 신문 펼치는 소리, 허공에 인사하는 정중한 승무원과 보자기를 짐칸에 올리는 할머니, 출발하는 기차에서만 볼 수 있는 삼 분 동안의 광경. 이제 이런 경험은 여행에서 빠지고 말 것이다. 고속열차는 정차하는 역이 적어야 하기 때문이다. 잠깐 졸고 깰 때마다 옆자리에 앉은 사람이 바뀌고, 몇 마디 섞은 인연으로 서로에게 덕담을 건네던, 낯섦과 정겨움이 절묘하게 섞인 기차 안의 공기는 저편으로 물러나고 있다.

> 만일 현대 문명의 혜택과 소비를 누리지 못한다고 불행하거나 비참하다고 말한다면, 이른바 선진국 사람들이 모두 행복해야 옳지만 실상은 그렇지가 않다. TV와 컴퓨터, 휴대폰, 자동차와 비행기, 전기와 도시가스가 행복을 가져다주지는 않는다. 발전과 행복은 비례하지도 않으며, 물질적 번영이 복지를 보장하는 것도 아니다. 발전하지 않는 것이 낙후된 것이라는 논리는 천민자본주의의 자기변명일 뿐이다.
> - 『하늘에서 가장 가까운 길』

고향인 해운대에 갈 때 무궁화 기차를 타거나 시외버스를 탄다. 간혹 어떻게 다섯 시간 넘게 차를 타냐는 식으로 묻는 사람이 있다. 한 때는 가장 빨랐던 기차와 버스가 지겹고 고달파졌다면, 그건 오로지 마음의 문제다. 그 정도 시간을 견딜 수 없다면 이코노미석을 타고 동남아까지 가는 여정이 가장 끔찍해야 하지만 공항에는 언제나 사람이 붐빈다.

일등에 비교된 나머지를 느리다고 비난할 것인지, 충분하다고 포용할 것인지는 개인의 선택이다. 다만 확실한 건 우리의 어머니들은 짐보따리를 이고도 무궁화 기차에 탔고, 열 시간 넘게 걸릴 줄 알면서도 명절 귀성길에 올랐다. 사실 불과 몇 년 전 일이므로 나 역시 마찬가지다. 그리고 지구 곳곳에서 아주 많은 사람들은 이 정도에 만족하며 지내고 있다.

> 어느 쪽이 더 불행한가. 행복한가는 중요하지 않다. 어느 쪽이 더 아름다운가도 중요하지 않다. 중요한 것은 이 아이들이 평생을 그렇게 살면서 우리처럼 불평, 불만, 불안 속에 놓여 있지 않다는 것이다. 문명의 혜택을 누리지 못한다고 빈곤하다 말한다면 옛날의 우리 또한 아무도 풍요롭지 않았다.
> ―『바람의 여행자』

세상이 점점 빨라지고 편해지는 것은 우리에게 그만큼의 여유를 주기 위해서다. 더 많아진 시간으로 사색하고, 더 편리해진 시스템 속에서 여유로워지고, 더 넓은 포용력을 가지라고. 그래서 반드시 아름다운 사람이 되라는 것이다. 그 끝에 함께 평화로운 세상을 만들고 누릴 수 있어야 한다.

그러니까
마음은 언제나 완행할 것.

글과 사진

글의 힘이 사진보다 강하다고 말하는 선배가 있다. 선배 말로는 짧은 문장이라도 더해지면 사진이 더 빛날 수 있다고 한다. 처음에는 나도 그렇게 생각했지만 지금은 꼭 그렇지는 않은 거 같다. 글과 사진은 전개가 다르기 때문이다. 사진으로만 표현되는 세계가 분명히 있다.

> 때때로 사진은 문장으로는 해결할 수 없는 장면을 간단하게 해결해 버린다. 이럴 때 사진은 설명할 수 없는 것들을 설명하는 힘이 있다. 그러나 사진이란 것이 모든 설명되지 않는 것들의 해결사는 아니다. 사진은 한계가 분명하다. 찍히지 않는 것과 찍을 수 없는 것들은 어차피 문장이 보여 줘야 한다.
> —『은밀한 여행』

글은 눈에 보이지 않는 것도 표현할 수 있고 시대를 건너뛸 수도 있다. 새로운 것을 만들기도 한다. 사진으로는 어려운 영역이다. 하지만 사진의 강렬함은 글보다 빠르고 강한 파급력을 가진다. 사진 한 장이 정의를 위한 전 지구적인 연대를 결성시키는 것이 증거다. 또 사진은 아무 말 하지 않는 것으로 말하기 때문에 해석의 기회와 폭을 넓혀 놓는다. 가타부타 설명이 거추장스러울 만큼 완성도 높은 전달력을 가질 때도 있다.

> 그 순간 내가 그곳에 있었으며, 그것을 찍었다는 것. 어쩌면 이것이야말로 사진의 가장 큰 매력이고 가치일 것이다. 나는 문장으로 쓸 수 없는 것들을 사진으로 찍는다.
> - 『은밀한 여행』

선배는 이런 말도 했다. 사진은 장비에 따라 결과물이 달라지고 빛이 없으면 아무것도 할 수 없지만, 펜은 모두에게 평등하다. 사진을 어느 정도 잘 찍을 수 있는 사람은 많지만 글을 어느 정도 잘 쓸 수 있는 사람은 드물다.

언젠가 다양한 렌즈를 갖추면 더 좋은 사진을 찍을 수 있을 거라고 생각했지만, 한계는 분명했다. 멀리 있는 것을 당겨 볼 수는 있지만 무엇을 찍을 것인가는 사진가의 몫이다. 아웃 포커스는 누구나 쓸 수 있는 기술이지만, 의미를 부여하는 건 사진가의 작업정신이다. 좋은 장비가 사진을 조금 더 낫게 할 수는 있지만, 결국 좋은 사진가가 장비의 진가를 발휘할 수 있다.

꽤나 비싼 카메라를 맨 어떤 사진가가 날아오르는 고니를 찍으려고 돌을 던지고 있었다. 내가 나타나자 그는 슬며시 자리를 피했다. 이런 식으로 녀석들에게 스트레스를 줄 경우 녀석들은 다시 군내 저수지를 찾아올지에 대해 심각한 고민에 빠지게 될 것이다. 내가 생각하는 사진이란 주어진 환경과 조건에서 최선을 다하는 것이지, 물리적인 조건을 만들어 최상을 만드는 작업은 결코 아니라고 본다.

-『은밀한 여행』

내가 만난 좋은 글을 쓰는 작가들은 동시에 좋은 사진가다. 고유의 색깔이 묻은 사진은 세련되지 않더라도 메시지는 선명하다. 문장과 닮았다. 마찬가지로 좋은 사진가는 좋은 글을 쓴다. 자신의 사진에 이름을 지어 생명을 주고 담백한 문장으로 직관력을 높인 작품은 남다른 매력이 있다. 아무리 글을 잘 쓰는 사람이더라도 직접 찍은 사진가만큼 알맞은 옷을 입히기는 어렵다.

이들은 알려진 기성작가이기도 하지만, 아직 아는 사람이 별로 없는 신인작가이기도 하다. 공통점이라면 유명해지고 비싸지고 싶어서 글을 쓰고 사진을 찍는 것이 아니라, 숙명 속에서 자신만의 작업을 한다는 점이다. 나는 가끔 이런 선배나 동료와 알고 지낸다는 게 믿기지 않을 만큼 낯설다. 꾸준히 자신의 길에서 깊어지는 이들을 진심으로 존경한다. 계속해서 작품을 내놓기를 팬의 마음으로 기다린다.

모니터에 띄운 하얀 종이에 타박타박 한 글자씩 박아 넣고 있을 그들, 끔뻑끔뻑 어느새 셔터가 되어버린 눈으로 숨겨진 세상을 찾아내는 그대들 덕분에 오늘도 감개하다.

가끔 이런 생각을 한다.
아는 연예인이나 정치인이 없다면 큰일은 아니지만
가깝게 지낼 수 있는 예술가가 없다는 건
조금 안타까운 일이지 않을까.

성장통

우리가 해결해야 할 빈곤과 빈부격차는 아직 심각한 수준이 아니라고, 처음에는 그렇게 생각했어요. 왜냐하면 우리는 밥을 굶으면서도 메이커 신발을 신었으니까요. 통신비가 연체되더라도 스마트폰은 가졌으니까요. 아프더라도 과자 한 봉지 값이면 의사를 만날 수 있으니까요.

다른 나라의 빈곤은 입을 옷이 없고 먹을 음식이 없는 것이었어요. 그래서 입지 말아야 할 것을 입고 먹지 말아야 할 것을 먹어요. 소독약과 거즈가 없어서 살이 썩고 발가락을 잘라야 하죠. 하지만 부패한 기득권층은 선진국의 부자처럼 살고 있어요. 그들의 빈부격차는 해결의 가능성을 언급조차 할 수 없을 정도예요. 그래서 '빈부격차' '해결 방안' 같은 단어는 쓰이지 않아요.

잘사는 것과 '자알'사는 것은 다르다. 고작해야 게르 한 채에
양 떼 50마리를 키우며 살아도 언제나 우리보다는 그들이 더

자알 산다. 언제나 부족을 느끼며 더 많이 가지려는 쪽은 우리다. 언제나 남을 딛고 올라 이기려는 쪽도 우리다. 도대체 우리는 왜, 무엇 때문에 그토록 눈에 불을 켜고 입에 칼을 물고 사는가.

-『바람의 여행자』

그래서 그들을 동정하냐고요? 아니요, 절대요. 그냥 보이는 그대로 받아들입니다. 여행자가 할 수 있는 건 그것뿐이니까요. 그런 모습을 보고 나서 우리의 문제가 우습게 보였을까요? 아니요, 절대요. 오히려 더 잘 이해하게 됐죠. 배가 고파서, 헐벗어서가 아니라 마음이 아프다는 걸 알게 됐어요. 계속 이렇게 가다간 사회가 병들 수도 있다는 걸 알게 된 거죠. 성장과 복지의 절충이 단순히 소득, 물가, 생계비 같은 것을 계산기로 두드리는 것이 아니라 제도와 정책, 공존과 정의의 마중물을 의미한다는 걸 알았어요. 우리는 진통을 겪는 중이라고 생각해요.

이해한다는 말을 쉽게 하고 있는 건 아니에요. 안 괜찮은데 괜찮아지라고 강요하는 것도 아니에요. 그까짓 게 뭐가 힘드냐고 하는 것도 아니고요.

현실감 없는 진단과
약효도 없는 처방을
일방적으로 받는 것에 우리 모두 지쳤잖아요?

다들 내일의 여유를 위해 오늘을 바쁘게 살아야 한다고 말하죠. 욕망을 위해 기꺼이 현실을 희생하죠.
그러나 당신이 틀렸어요. 내일이 오면 당신은 또 다른 핑계와 이유로 바쁠 거예요.
-『잠시만 어깨를 빌려줘』

내가 하고 싶은 말은 몰릴 때 몰리더라도 아플 때 아프더라도 싸울 때 싸우더라도 자기 길은 가야 한다는 거예요. 내가 옳다고 생각하는 일은 꼭 하세요. 쉬고 싶을 때는 뒤처진다는 생각하지 말고 갓길로 빠지세요. 남들과 비교해서 억지로 결핍을 만들어내지 말아야 하고요. 누군가를 미워하는 게 문제지 좋아하는 건 문제가 아니라고 봐요. 용기를 내세요. 많이 가진 사람이 머쓱해할 것도 없고요, 적게 가졌다고 해서 부끄러워할 일은 아니죠. 이해하기 힘든 사람이 있다면 그냥 인정해보는 건 어때요. 침착이 최선은 아니지만 감정이 상황에 끌려가지 않게 하세요. 자기만의 삶을 당당하게 살아내야 해요. 우리가 태어나면서 똑같이 가진 권리이자 의무죠. 그리고 언제나 하나뿐인 소중한 진실을 보세요.

우리는 모두
누군가의 소중한 존재이지 않은 적이 없다.
-『잠시만 어깨를 빌려줘』

소위 말하는 절대 빈곤층을 보며 배운 생각이에요. 얕게 보는 사람들은 그들에게 의지와 지식이 없다고 하지만 그건 틀렸어요. 그렇게 이야기한다면 당신도 주변을 몰아붙이는 사람이겠군요. 이들은 어렵지만 자기 삶을 살아요. 어렵다는 것도 편협한 내 생각이지만, 어쨌든 주어진 삶을, 당장 오늘 하루부터 자기 것으로 만들면서 살아요. 출세하겠다는 꿈은 꾸지 않을 수 있겠지만, 오늘은 무지개가 떠서 까르르 웃을 수 있는, 이런 거 말이죠.

내가 할 수 있는 건 무엇일까, 생각했어요. 세금을 많이 내는 일은 힘들 거 같고, 적극적인 사회 참여도 쉽지 않겠죠. 그런데 우리 조금 더 자신을 사랑하고, 자신에게 여유로워지자는 말 정도는 할 수 있을 거 같은 거예요. 그래서 그런 이야기를 쓰기로 했어요. 편견과 강박, 선입견을 비틀 수 있기를 바라면서요. 큰 목소리가 안 될 거라는 건 처음부터 알았지만 상관없었죠. 그랬을 뿐인데 나부터 편안해졌어요. 그러니까 앞으로도 쭉 지금처럼 살고 싶어요. 그래도 되는 거겠죠?

국내여행

특별한 장소에 갔다거나 특별한 음식을 먹어서 여행이 특별한 건 아닙니다. 장소와 음식에 특별함이 있다면 그곳에 사는 사람은 늘 여행 중인 기분이어야 한다. 누군가는 내가 사는 곳으로 여행을 오지만 나에게는 일상일 뿐이다.

여행의 전제는 익숙함으로부터의 탈피다. 뭔가 달라져야 한다. 가장 흔한 방법은 장소지만, 가장 쉬운 방법은 바로 자신이다. 반드시 숙소를 예약하고 멀리 떠나야 여행으로 치는 사람이 있고, 집으로 돌아오는 버스에서 일부러 한 정거장 일찍 내리는 걸로 여행의 쾌감을 느끼는 사람도 있다.

때때로 감동과 여운이 넘쳐 한 번 갔던 곳을 다시 찾기도 했다. 여긴 지난번에 와 봤으니까 됐어, 라고 누군가가 말한다. 하지만 그때의 여기와 지금의 여기는 엄연히 다르다. 아침과 저녁의 여기가 다르고, 낙엽 질 때의 여기와 꽃이 필 때의 여기가 다르다. 그러므로 여행은 언젠가 지나친 곳을 지나칠 때조차 언제나 새롭다.

-『은밀한 여행』

익숙한 자신에서 벗어나는 것만으로 여행은 시작될 수 있다. 쉬는 날, 등굣길이나 출퇴근길을 여유롭게 살펴보면 호기심 가는 가게가 보이고 새로운 재밋거리가 생긴다. 친구들이랑 하던 모든 것이 애인과 함께할 때는 다른 느낌인 것처럼 새롭다. 심지어 집에서도 여행할 수 있다. 창밖으로 보이는 복도식 아파트의 생김새를 본다거나 주변의 다양한 소음, 동네 사람들의 후줄근한 차림 따위에 집중하다 보면 불현듯 낯섦이 느껴진다.

여행은 '지금 이곳'의 나를 '여기'가 아닌 곳으로 잠시 데려가는 것이다. 여행이란 더 이상 한가란 한량이나 부유한 계급의 특권이 아니다.

-『잠시만 어깨를 빌려줘』

섬이나 다름없는 지리적 특성과 감당하기 벅찬 물가는 해외여행을 매력적으로 보이게 했다. 그래서일까, 요즘은 물리적 거리와 여행의 만족이 비례하는 거 같다. 비행기를 오래 탈수록, 다시 가기 힘들다고 생각되는 곳으로 향할수록 만족의 밀도는 높아진다.

나는 여행이 나를 풍요롭게 하거나 좀 더 인간답게 만든다고
는 생각하지 않는다. 설령 그렇더라도 그런 생각은 여행에
별 도움이 되지 않는다. 다만 낯선 풍경과 바람, 어디서 끝날
지 모르는 길, 처음 보는 사람들과의 악수. 생경한 곳에 던져
진 이 '던져졌다는 느낌'이 나를 또 다른 곳으로 밀어갈 뿐이
다. 길은 여행하는 순간부터 꿈틀거리며 휘어지고 솟구친다.
길의 탄력과 가속도는 순전히 여행자의 신명과 통해 있다

-『은밀한 여행』

해외의 풍물과 풍광을 즐길 수 있는 안목과 맛있는 음식을 유달리 잘 발견하는 혀끝은 우리가 자란 환경에서 왔다. 봄, 여름, 가을, 겨울, 금수강산. 봄에는 꽃이 피고, 여름이면 계곡에서 멱을 감고, 가을이면 솜이불처럼 포근한 공기에 쌓여 뛰놀고, 겨울에는 뜨듯한 온돌에서 체온을 높였다. 덥거나 추워도 한계를 위협하지 않았다. 낮과 밤의 비율도 적절하게 밀고 당겼다. 누구나 동네 앞, 뒷산은 가지고 있을 만큼 나무와 바위가 흔하고 맑은 물도 여기저기서 펑펑 솟았다. 한두 시간이면 바다를 볼 수 있고 수천 개의 섬이 있다. 땅은 작지만 세계의 살기 좋은 환경을 모은 축소판이다.

매주 새롭게 바뀌는 자연과 살갗을 미묘하게 어루만지는 기온, 바다에서는 산을 올려다봤고 산에서는 바다를 향해 메아리를 보냈다. 자주 오르던 무슨 산의 무슨 봉과 그 산의 계곡과 물줄기는 너무 익숙해서 소중한지도 몰랐다. 게다가 대충 차려도 3찬, 5찬 하는 밥을 매끼 먹었

다. 거기에는 산, 바다, 강과 들에서 나는 음식이 고루 섞였다. 같은 음식이라도 전라도, 경상도, 강원도, 충청도, 각 지방마다 맛이 달랐으므로 어렸을 때부터 우리의 입맛은 발달할 수밖에 없었다. 비록 사막과 빙하, 은하수와 오로라는 볼 수 없지만, 우리가 그것을 바라는 것은 나머지 대부분을 이미 넉넉하게 봐버렸기 때문이기도 하다.

만약 국내여행을 가소롭게 생각한다면 그것은 명백한 오만이다. '국내여행지는 거기서 거기겠지.'라고 생각하고 향토음식이나 한 그릇 먹은 다음 그곳을 여행했다고 한다면 그것 역시 오판이다. 해외에서는 말이 통하지 않고 문화가 달라서 아무리 노력하더라도 겉만 핥기 쉽다. 여기에는 우리 정서, 우리 역사, 우리말이 서려있다. 도시가 아니라 하나의 동, 하나의 마을, 하나의 길에서도 몇 달을 여행할 수 있다.

해외여행을 하는 것도 좋지만
국내여행을 등한시하지는 말았으면 좋겠다.
어떤 나라에 푹 빠질 수 있는 사람은
먼저 모국에 푹 빠져본 사람들이며
일상에서 여행하는 기분을 낼 줄 아는 사람이기도 하다.

여행은 평생처럼 순간을 사는 일이다. 짧지만 눈부신 순간을, 지금 이 순간에도 전 세계의 수많은 사람들이 어딘가로 떠나서 어딘가를 여행하고 있다.

-『잠시만 어깨를 빌려줘』

전례 없는 숙제

우리 집 가계부는 한 달 내내 신경 써야 할 정도로 간당간당했다. 비가 오면 우산을 쓰고 가야 하는 재래식 공동 화장실과 여름에는 옥상에 물을 한 뼘 정도 채워야 겨우 더위를 견딜 수 있는 단층 건물이었다. 그곳에서 요즘의 원룸만한 구멍가게를 했다. 그래도 가끔은 자장면이나 돈가스를 배달시키고 삼겹살도 굽고 소고기집에서 외식을 할 수 있었다. 지금 생각해보면 닳은 계산기를 두드리면서도 조그마한 입에 맛있는 거 먹이려고 애썼을 부모님의 마음을 조금은 알 거 같다. 여름에는 운문사 계곡으로 몇 해 동안 피서를 다녔고 해운대 해수욕장은 물리도록 갔다. 친척 대부분이 서울에 살아서 명절 때마다 서울 구경을 할 수 있었다. 아버지의 고향인 태백과 어머니의 고향이자 막내이모댁인 함안에도 자주 갔다.

그때만 해도 서울구경 다녀온 친구들은 거의 없었다. 출퇴근 시간의 지하철 2호선처럼 꽉 찬 경부선 무궁화 기차를 수십 번 탔다. 도 경계를 넘나들며 역마다 말씨가 다른 사람들에게 점점 친숙해졌다. 열 살이 되기 전부터 설악산 대청봉을 오르고 태백의 탄광촌과 통리역의 쓸쓸한 풍경을 느꼈다. 함안에 가면 길거리에 떨어진 냄새 나는 은행을 주웠다. 외할아버지 산소에 가려면 소설『소나기』처럼 개울을 건너고 잡초를 헤쳐나가야 했다. 해운대는 관광지였지만 일광이나 기장은 고깃배와 비린내가 진동했다. 내게 해변과 바다는 엄연히 다르다. 여자아이 남자아이 할 거 없이 논다는 건 일단 뛴다는 것이어서, 장산 구석구석을 매일 쏘다녔다. 폭포사 계곡에서 다이빙을 하고, 개구리를 잡아 구워 먹기도 했다. 어느 날은 당근 서리를 하다 걸려서 호되게 혼나기도 했다.

작은 마을이었다. 동네 사람 얼굴을 모두 알았고 누구네 아저씨, 누구네 아줌마, 누구네 형, 누구네 누나였다. 배가 고프면 우리집이 아니라도 밥을 얻어먹을 수 있었다. 주인 없는 집에 들어가 만화책을 보고 있어도 뭐라고 하는 사람이 없었다. 해 질 때면 밥 먹으라고 부르는 엄마들의 쩌렁쩌렁한 고함 소리가 동네를 흔들었다. 그제야 아이들은 집으로 돌아갔다. 그리고 다음 날, 약속하지 않아도 대충 몇 시가 되면 알아서 다시 모였다.

지금은 옆집에 누가 사는지도 모른다. 아이들조차 아버지의 직업과 아파트의 브랜드를 따진다는 뉴스를 보며, 분명히 우리 어른이 뭔가를 크게 잘못하고 있다는 생각이 든다. 우리가 전해줄 것이 조바심 내는 경쟁과 차별은 아닐 텐데. 우리가 물려받은 것이 당신 세대에 미련이 남은 지나친 교육열이긴 했지만 그것은 스스로를 깨우치는 정도였지 남을 깔고 올라서야 하는 것은 아니었다.

> 인간의 이기심은 우리에게 속도와 편리함을 선물했지만, 그 속도에 뒤처지지 않기 위해 우리는 휴식을 잃어야 했습니다. 휴식을 빼앗긴 삶은 암울합니다. 우리는 옛날보다 더 늦게 자고 더 일찍 일어나지만, 우리에겐 언제나 시간이 부족합니다.
> 그 많던 시간은 어디로 갔을까요? 빨간 풍선을 날리며 놀던 어린아이는 어디로 갔을까요?
> 하루 종일 소꿉장난을 해도 저녁이 멀기만 했던, 어린 시절 내가 손목에 차고 있던 시간은 어디로 사라진 거죠?
> — 『잠시만 어깨를 빌려줘』

이제는 갓난아기도 스마트폰을 쥐어줘야 울음을 그친다고 한다. 아이를 키워보지 않은 내가 어떻게 하다 그렇게 되었는지 쉽게 이야기할 수는 없다. 바쁜 일상에서 아이를 쉽게 달래려면, 예민해진 사회에서 남에게 피해를 주지 않기 위한 부모의 어쩔 수 없는 방편일 것이다. 어느 날 지하철에 탔는데, 그 많은 사람들이 똑같이 구부정하게 고개를 숙이고 표정 없는 얼굴로 손바닥만한 액정에 갇혀있었다. 그렇게 어디론가 실려 가는 모습이 저 방긋방긋 웃는 아이의 앞날이 될까 봐 많이 슬펐다.

도로 위 사정도 숨가쁘다. 도로 확장과 보수 공사, 시스템 개선으로 매년 사정은 나아지고 있지만 그 속도에 만족하지 못하고 과속과 추월을 일삼는다. 바로 앞에 단속카메라나 신호등이 있어서 멈춰야 하는 걸 알면서도 일단 그때까지라도 최대한 속력을 낸다. 빨리 가야 할 이유가 없는데도 서행하는 것을 견딜 수 없어 한다는 사실에 다시 슬퍼진다. 빈 공간과 쓰지 않는 방을 늘리기 위해 대출 이자를 내면서, 손님이 오는 건 골치 아픈 일이 됐다. 우표 없이도 편지를 쓸 수 있지만, 가슴속 이야기를 꺼내지 못한다. CCTV가 모든 것을 감시하고 경찰은 범인을 잘 잡지만, 우리는 더 불안해졌다. 무엇이 잘못된 걸까.

자동차는 우리에게서 산책의 즐거움을 앗아갔고, 오락기는 우리에게서 놀이의 즐거움을 빼앗아버렸다.
TV는, 좀 더 많은 것들을 봐야 할 우리의 시야를 근시안으로 만들었고, 휴대폰은 만남의 소중함과 뜻하지 않은 인연을 밀쳐버렸다.
컴퓨터는 우리에게 독서의 순간을 앗아갔으며, 러닝머신은 우리에게서 길의 질감을 느낄 기회를 박탈해버렸다.
그 모든 이기들은 우리를 자연으로부터 멀어지게 만들었고, 감정의 이완을 차단해버렸다.
그래서 우리는 더 행복해졌는가, 라고 묻는다면 십중팔구는 고개를 가로저을 것이다.

― 『잠시만 어깨를 빌려줘』

우리가 더 발전되고 개발된 세상을 물려줄 것은 확실하다. 모든 것은 편리해져서 모든 움직임을 최소화시킨다. 몇 발자국 걷는 대신 손가락만 움직이면 되고, 목소리만 내면 인공지능이 척척 알아서 한다. 궁금한 것은 그때그때 바로 검색할 수 있어서 애써 기억할 필요가 없다. 청소를 안 해도 되고 요리할 필요도 없다. 잘 만들어진 간식이 길거리 분식을 불량식품으로 만들었고, 뛰어놀지 않는 아이의 옷이 더러워질 일도 없다. 책 없이도, 받아 적지 않아도 공부를 할 수 있어서 가방의 무게와 책의 부피는 불편함이 되어버렸다. 최선을 다해 아무것도 하지 않으면서 건강하게 장수하는 세상이 오고 있다.

하지만 우리는 전에 없던 번영을 전해주는 세대인 동시에, 오래전부터 전해지던 많은 것의 맥을 끊은 세대이기도 하다.

"엄마 이 꽃 이름이 뭐야?"라는 질문에 대답할 수 있는 어른은 줄어들고, 아이는 자연스럽게 기계나 로봇에게 물어볼 것이다. 등산, 물놀이, 야영, 별자리 관측, 물고기 잡이를 하고 싶어 하는 아이에게 가르칠 수 있는 게 없어져서, 전문 업체의 프로그램에 아이를 맡겨야 할 것이다.

물줄기는 수많은 다리와 고가도로에 자태를 잃었고, 우뚝 솟은 회색 건물 때문에 수채화 같은 산은 찾을 수 없게 됐다. 앞으로 아이들의 머릿속에 자리 잡을 자연의 이미지가 어떨지 생각해보면 굉장히 암담하다.

그렇다고 우리가 새롭게 만든 것이 다 좋은 것도 아니다. 조화와 공존에 전례 없이 실패한 우리는 '생존을 위한 보호와 보존'이라는 개념을 최초로 만들었고 전례 없는 숙제로 남겨주게 됐다.

농협 빚을 얻어 빚 갚기 바쁘게 살아왔지만, 유 씨는 그래도 자신은 호강했었노라고 그동안의 어려운 삶을 위무해 버렸다. 살다 보면 사람에게도 그렇듯 삶에도 미운 정 고운 정이 드는 모양이다. 그렇게 정들어버린 이 땅에서 묻히고 싶다며, 유씨는 영월댐 때문에 50년 고향을 잃고 싶지 않다고 말한다. "물에 쟁긴대는데, 여기 떠나가면 어데가 사우. 난 여만한 데가 없는 것 같우. 서울 저 전철에 가 보우. 인간이 다 사태가 나구. 하늘이 뿌얘가지구 거서 어데 살갔우?"

-『사라져가는 오지마을을 찾아서』

경유

서울에서 후쿠오카, 후쿠오카에서 부산, 부산에서 다시 서울로 이어지는 세 편의 항공권 가격이 서울-부산 왕복 KTX 가격과 몇천 원밖에 차이 나지 않았다. 이렇게 저렴한 항공권이라면 나도 당연히 여행을 할 거라고 말할 수 있지만 그건 핵심에서 빗나갔다. 고작 몇만 원이 당신이 여행을 망설이게 하지는 않을 것이다.

서울에서 부산 가는 길에 다른 곳을 경유해야겠다는 생각이 시작이었다. 마음이 싱숭생숭했고 백 번도 넘게 다녔을 여정에 변수를 끼워 넣고 싶었다. 이것저것 알아보던 중 합리화할 수 있는 적당한 티켓을 발견한 것뿐이다. 두 달밖에 남지 않은 라운지 무료 이용권도 결정에 한몫했다. 탑승시간을 기다리며 맥주를 곁들인 뷔페 식사까지 한다면 이건 완전 남는 장사다. 어차피 쓸 교통비인데 공항 라운지 이용과 후쿠오카 여행이 딸려 왔다.

어딘가로 가고 싶지만, 거기가 어딘지는 스스로도 생각해본 적이 없다. 가고자 한다면 가야 하는 게 여행이다. 그곳이 어디든, 일단 떠나고 보는 게 여행이다. 무작정 떠난 뒤에 이유를 갖다 붙이는 것도 나쁘지 않다.
　　　　　　　　　　　　　－『잠시만 어깨를 빌려줘』

1박만 하기는 아쉬웠다. 그래서 부산 일정을 하루 줄이고, 맡고 있던 일을 조절해서 전체 일정을 이틀 늘렸다. 회사를 다녔더라면 고민 없이 연차나 휴가를 썼을 것이다. 3박 4일 동안 다녀오려던 평범한 부산 나들이에 3박 4일짜리 일본 여행이 덤으로 생겼다.

당신이 없어도 회사는 잘만 돌아가요.
당신이 없어도 나무는 쑥쑥 자라죠.
당신이 없어도 한국의 안보에는 문제가 없어요.
그러니 없는 문제를 만들지 말고 그냥 떠나세요.
　　　　　　　　　　　　　－『잠시만 어깨를 빌려줘』

급하게 결정된 여행에서 맛집이나 쇼핑에 대한 욕심이 있을까. 서울에서 하던 것처럼 먹고 마시면 되니까 경비에 대한 부담이 없다. 게스트하우스를 예약한 게 유일한 추가 비용이다.

공항철도를 기다리며 한 선배에게 숙소를 추천 받으려고 연락했는데 마침 며칠 뒤에 후쿠오카에 온다는 것이다. 대기업에서 차장 직급으로 야근을 밥 먹듯 하고 주말에도 일을 싸서 다니지만 작년 한 해 열세 번의 해외여행을 한 위인이니 그럴 만도 했다. 선배가 해외여행을 많이 하는 비결이라면, 예약하고 그것을 지키는 것이다. 세계적인 대기업의 일이 선배 개인 일정을 호락호락하게 허락해 줄 리는 없다. 선배는 자신의 업무에 얼마나 몰입했으며 믿을 만한 동료가 되기 위해 얼마나 오랫동안 노력했을까. 비슷한 회사에 다니는 사람들은 도저히 시간이 없다고, 높은 급여를 주는 데는 그만한 이유가 있다고 하소연하지만 선배에게는 핑계가 되지 못했다.

> 삶은 영원하지 않고 시간은 우리 편이 아니다. 망설임이 길어질수록 여행은 멀어져 버린다. 언제나 현실이 발목을 잡는다고 말하는 당신은 '나중에, 이번 일이 끝나면, 애들이 좀 더 크면' 하고 핑계를 댄다. 그러나 그때가 되면, 가지 못하는 핑계와 이유는 더 많이 쌓여 있을 것이다. 떠나고 싶은 순간에 떠나야 한다.
>
> ─『바람의 여행자』

우연은 계속 일어났다. 후쿠오카에 도착한 소식을 SNS에 올렸더니 고등학교 동창으로부터 메시지가 왔다. 음악을 하는 친구인데, 공연 차 후쿠오카라고 한다. 교복을 입은 모습이 마지막이었던 우리는 14년 만에 만나 처음으로 술을 마셨다. 친구의 단골집이라는 조그마한 가게에서 전용 화로에 우설을 굽고 모츠나베를 데우며 고구마 소주를 마셨다. 기분 좋게 취해서 새벽 두 시쯤 헤어졌다. 숙소까지 삼십 분 정도 걸으며 일본어로 적힌 현란한 간판을 봤다. 그 순간 여행을 실감했다.

다음 날도 놀라운 일이 일어났다. 면세점에 근무하는 선배가 일본에서 먼저 출시된 아이폰을 산다며 1박 2일 즉흥 여행을 온 것이다. 스케줄 근무를 하는 선배는 짬이 난 몇십 시간을 여행에 투자했다.

거긴 너무 위험해, 거긴 너무 멀고 거긴 너무 힘들어, 라고 미리부터 핑계 대기 시작하면 여행은 점점 어려운 불가능의 문제로 남게 된다.

- 『잠시만 어깨를 빌려줘』

낮에 이곳저곳을 다녀왔더니 내가 묵는 숙소에 선배가 도착해 있었다. 철판요리 식당에 가서 오코노미야키를 먹고 야타이에서 어묵에 맥주를 마셨다. 나카스 강변을 따라 오래 걸으며 몇 가지 음식과 술을 더 먹었고, 게스트하우스에서 다시 술로 마무리했다. 다음 날 아침 선배는 돌아갔다. 아이폰은 사지 않았다. 애플숍에 여권을 챙겨 가지 않았기 때문이다. 그래도 괘념치 않았다.

후쿠오카의 마지막 날 저녁, 일 년에 열세 번 해외여행을 다닌 선배가 도착했다. 후쿠오카를 여러 번 왔던 선배는 공항에서 바로 교외로 빠질 계획이었지만, 나와 만나려고 일정을 바꿨다. 한국에서는 만나자는 말만 하고 오래 보지 못했는데, 후쿠오카에서 만난 것이다. 우리는 새벽까지 여러 음식과 술을 마셨다.

후쿠오카에 오면서 이렇게 생각했다. 서울에서 지내는 것과 똑같이 지내자. 억지로 무엇을 하려고 하지 말자. 일부러 돈 쓸 거리를 찾지 말자. 평소 하던 대로 밥과 술을 먹고, 차를 마시며 책을 읽자. 산책을 많이 하자.

그런데 가장 바쁘고 알찬 여행이 됐다. 사흘 동안 소중한 인연을 만났고, 하루에 네다섯 곳의 식당에 다녔다. 친구와 선배가 추천한 카페와 재래시장을 구경했는데, 역시 실망시키지 않았다. 여행 내내 한 번도 차를 타지 않고 걷기만 했다. 걸어 갈 수 있을 만큼만 움직였고 덕분에 마음껏 멈출 수 있었다. 우연히 들른 곳은 구글맵에 표시하면서 나만의 후쿠오카 지도를 만들었다.

> 분명한 것은 운전석에 찰싹 엉덩이를 붙이고 있는 한 저 나무와 강물, 바람은 그저 휙 지나갈 따름이다. 풍경이란 걸음을 멈춘 자에게 반응하며, 다가서지 않고는 다가오지 않는다.
> ―『은밀한 여행』

일부러 찾아간 유일한 곳은 미술관이었다. 마침 그리워하던 미얀마 작품이 초청돼 있었다. 입꼬리에 미얀마를 달고 살던 내게는 무척 반가운 시간이었다. 관람 후 사진전에도 들렀는데 일본인 작가의 군칸지마 기록이었다. 안내를 맡은 큐레이터는 매우 친절했지만 군함도가 우리에게는 지옥의 섬이었다는 사실은 모르는 듯했다. 나도 이야기하지 않았다. 작가의 시선은 섬의 번영과 몰락, 그리고 평범한 민간인의 생활이었고 그 순수한 의도가 잘 담겨 있었다. 다만 나는 나대로 머릿속이 차가워졌다.

부산으로 향하는 비행기 안에서 지난 며칠의 여행이 아득했다. '아, 오랜 시간과 먼 길을 돌아 부산에 가는구나.'라고 정리했다. 한동안 못 나게 찍은 음식 사진과 처음 본 사이폰 커피 동영상, 전시 팸플릿을 다시 보면서 여행의 맛과 향을 천천히 소화시켰다.

> 세상에는 분명 멈추지 않으면 보이지 않는 것들이 있다. 그럴 땐 멈춰 서야 하는 것이다. 지나치고 나면 두 번 다시 만날 수 없는 인연이란 게 있다. 지나간 뒤에 후회해도 소용없다.
> 우리의 직립보행은 걷기 위한 것이고, 걷는 것보다 빠른 속도는 위험을 초래할 뿐이다.
> 우리는 이 멋진 세계를 천천히 음미하기 위해 세상에 태어났다.
>
> －『바람의 여행자』

무지개

종일 책상에 앉아있다. 밥을 두 번 해먹었고 막걸리를 몇 병 사놨다. 원고를 쓴 다음 맛있게 마시고 싶지만 진도가 나가지 않는다. 이럴 거면 미뤄뒀던 약속이라도 나갈 걸 그랬나 싶지만, 그랬다면 끝내지 못한 원고 생각에 낑낑댔을 모습이 눈에 선하다. 꼭 만나야 할 사업가도 있고, 술 한잔하자고 하고 싶은 여자도 있다. 어차피 그들은 내가 만나고 싶어 한다는 것도 그 날짜를 혼자서 미루고 있다는 것도 모른다. 하고 싶은 일을 해도 잘되진 않지만, 다른 일을 하면 더 불안한 마음. 속절없는 심정으로 시간이 흐른다.

"뭐 해? 그게 뭔데? 왜? 뭐 먹고 사니?"를 3년 정도 들었더니, 요즘은 "(뭔지는 모르지만)잘돼 가? (어쨌든)파이팅! 밥(은) 잘 먹더라."로 바뀌었다. 이 정도면 시간이 해결사고 나도 잘 버텼다. 그리고 역시 팅기는 게 효과가 좋다. 이 시간 저 시간에 다 장단 맞춰주다가 "바빠요. 안 돼요." 했더니 오히려 잘 해보란다.

내 탓이다. 마음이 복잡하면 그게 사달이 난 건데 그걸 몰랐다. 괜찮은 척한 것이다. 둔하고 미련했다. 가만히 생각해보니 일을 해야만 일 하는 게 아니다. 하고 싶거나 해야 하는 일에 신경 쓰는 시간까지 일이 아닐 게 없다. 영화를 몇 편 봐야 하고, 음악도 들어야 하고, 책도 좀 읽어야 하고, 신발을 짝짝이로 신고 종로를 종일 누빌만큼 정신을 놓아버릴 때도 있어야 한다. 이걸 못 하면 나는 다른 일을 할 수 없다. 나는 그렇다. 누군가의 감시를 받으며 일정한 시간을 채우지 않는다고 해서 한가한 건 아니란 말이다.

    내가 직장을 때려치우고 나왔을 때, 주변 사람들은 한결같이 이해할 수 없다는 반응을 보였다. 그리고 지금도 '여전히 길 위에 서 있다'라는 것도 다들 납득하지 못하고 있다. 그들의 눈엔 내가 대책 없는 모험가나 한량으로 보일지도 모른다. "그래 당신은 그 길에서 무엇을 보았소?"라고 묻는다면, 나는 아직 선뜻 대답할 수가 없다. 그럼에도 나는 당신이 이해할 수 없는 이 길 위에 서 있음을 아직까지는 버리고 싶지 않다.

                                                -『은밀한 여행』

이렇게 서서히 경계를 높이다가도 냉큼 초라해질 때가 있다. 스스로를 강단 있게 하는 힘도 물러지게 하는 힘도 스스로 던진 질문을 쫓으며 생긴다. 진짜 필요한 질문은 자신만이 할 수 있다.

재능이 있는지 물었고, 언제까지 할 것인지 물었고, 생활을 영위할 수 있는지 물었다. 한동안은 쿨한 척하거나 대답을 회피했지만 이제야 제대로 된 답을 찾은 거 같다. 한 줌 재능이라도 있으니 이 밤에 이러고 있겠지, 그렇게 믿어야 한다. 남에게 보여주는 건 할 수 있을 때까지만, 나와 너만 봐도 좋은 건 아주 오래 쓰고 싶다. 그리고 오늘 밤이 지나면 뒷짐 쥔 손을 풀어야 한다.

세상 일이 모두 바라는 대로 이루어 질 수 없다. 이번 생에 안 되는 일은 안 되는 일로, 놓쳐야 하는 것은 놓칠 뿐, 한이 되지는 말아야겠다. 그래도 보고 싶은 것을 보았고 먹고 싶은 것을 먹었고 사랑해야 할 사람을 사랑했다. 모든 것을 훌훌 버리고 길 위에 서봤으니 그것도 됐다. 지금까지의 인생을 회고한다면 역정의 파노라마는 무지갯빛이다. 그 무지개를 띄우기 위해 무수한 비를 맞은 이야기는 '이제 되었소.' 하고 삼킬 수 있게 됐다.

언젠가 다음에 돌아볼 때도 무지개가 뜰지는 알 수 없다. 간혹 부림을 당하고 계속해서 사달은 날 것이다. 분명히 더 오랜 여행을 하고 싶어지겠지. 어떻게 흘러갈지는 짐작조차 어렵다. 아무 일도 일어나지 않았는데 모진 각오도 긍정도 걱정도 다 무슨 소용이 있겠는가.

다만 나는 내 길을 선택해봤고
후회한 적은 한 번도 없다고 말할 것이다.
그것으로 처음부터 이미 충분했다고.

당신은 여행이 호구지책이니 얼마나 행복합니까, 라고 누군가는 말한다. 하지만 이제껏 여행이 나를 먹여 살리진 못했다. 무슨 무슨 책을 내고, 짤막한 여행 기사를 실어 번 돈은 고스란히 길에 뿌려졌다. 그러므로 나는 여행가일 수 없으며, 여행자일 뿐이다. 그렇다고 인생의 갈림길에서 내가 택한 이 길을 나는 후회하지 않는다. 후회한다고 해도 이미 늦었다. 먼 훗날 나는 가지 않은 길을 앞에 두고 프로스트처럼 중얼거릴지도 모른다.

숲속에 두 갈래 길이 있었다고
나는 사람이 적게 간 길을 택하였다고
그리고 그 때문에 모든 것이 달라졌다고.
-『은밀한 여행』

섬

지난 일 년 동안 다닌 곳은 대부분 섬이다. 국내로는 홍도, 흑산도, 가거도, 울릉도. 헤외로는 오키나와, 타이완, 세이셸의 3대 섬인 마헤, 라디그, 프랄린.

섬이라야 하는 이유는 없지만 결정을 해야 하는 순간엔 그쪽으로 마음이 간다. 바다나 해산물을 좋아해서는 아니다. 심리적 거리가 멀다는 이유도 아니고, 맞닿은 국경이 없어서도 아니다. 남들이 안 가는 곳을 간다는 알량함 역시 아니다. 끌림이다. 왠지 섬에 가면 발목을 콱 붙잡힐 수 있을 거 같은.

오늘도 나는 한 잎의 섬처럼 떠 있다. 사람이 사는 470여 개의 섬 중에 고작 50여 개도 안 되는 섬만을 여행했을 뿐이다. 나의 섬 여행은 더디고 더디어서 맨 처음 섬 여행을 시작한 이후로 10년이 다 되어간다. 물론 본격적으로 섬을 떠돈

지는 4년 정도이지만 갔던 곳을 또 가고, 한 번 더 가고 하다
보니 어떤 섬은 네댓 번 이상 찾은 적도 있다.

-『물고기 여인숙』

흑산도는 그나마 도내 버스가 있어 정약전의 유배지와 흑산도 아가씨 노래비를 수월하게 찾아갈 수 있었다. 사흘 동안 '흑산철새와 당산길' 코스를 모두 탐방하며 유배의 섬을 횡과 종으로 가로질렀다. 단체 손님이 아니면 백반을 파는 식당이 마땅하지 않아서 여관 주인 할머니에게 몇천 원을 드리고 아침, 저녁 밥상에 숟가락을 얹었다. 그야말로 가정식백반이다. 힘에 부친 날은 식당에서 삼겹살을 먹다가 메뉴에 없는 홍어를 주문하면 금세 나오곤 했다.

홍도 1구 마을은 관광에 특성화 되어 있었다. 단체 관광객들을 위한 모텔과 식당, 노래방과 나이트클럽의 네온사인이 늦은 시간까지 꺼지지 않았다. 다음 날 2구 마을로 갔다. 1구 마을에서 출발한 유람선은 2구 마을에 덜렁 떨궈주고 그대로 떠나버렸다. 2구 마을은 홍도에서 다시 한번 오지로 들어가는 것과 같다. 함부로 말 하면 안 되지만 내가 보고 싶었던 진짜 홍도였다. '홍도등대길'을 탐방하고 마을로 내려오니 할머니와 고양이 십여 마리가 대치 중이다. 생선을 다듬는 할머니를 겹겹이 포위한 고양이들은 골목을 아예 막고 있었다. "총각 나 대신 생선 좀 지키시오." 화장실 간 할머니 대신 생선 내장을 지키게 됐다. 뭍에서 온 어리숙함이 티가 난 모양이다. 녀석들은 벌건 대낮에 도둑질을 시도했고 나는 정말 필사적으로 손을 휘두르고 발을 차고 소리를 질러서 겨

우 내장을 지킬 수 있었다. 마흔 평쯤 될 만한 넓은 횟집에 들렀는데 테이블이 달랑 하나 있고 나머지 공간은 창고나 다름없다. 농어 한 놈을 골랐더니, 듬성듬성 막 썰어 준다. 자연산이 아니라면 그게 더 토픽감인 이곳에서 먹은 회 한 접시와 소주 한잔. 분위기를 뺀 순수한 맛으로 따져서 지금까지 먹은 회 중에 최고였다. 술 한잔 걸치고 손 흔들어 세운 마지막 유람선을 타고 1구 마을로 돌아왔다.

> 누군가는 묻는다. 왜 하필 섬이냐고. 생각해보면 그동안 나는 남들이 마다하는 오지나 두메를 무던히도 떠돌아다녔다. 방랑자로 살아온 것도 어언 14년이란 시간이 흘렀다. 그런 나에게 섬은 궁극의 여행지였다. 오래 떠돈 여행자가 마지막으로 찾는 곳. 그러나 죽을 때까지 떠돌아도 다 가지 못하는 곳이 섬이리라.
>
> —『물고기 여인숙』

가거도는 울릉도와 함께 꼭 다시 가야 할, 틈만 나면 가야 할, 언제 어떻게 가도 좋을 섬이다. 가거도는 가히 사람이 살 만한 섬이라는 뜻이다. 풍류 섞인 관광보다는 본연의 삶과 자연에 다가가는 방식의 여행이 어울린다는 점에서 잘 지은 이름이다. 한국전쟁이 발발한 소식을 한참 뒤에나 알았다고 하는 이야기가 있을 만큼 먼 바다에 떠 있는 이 섬은, 강태공 사이에서 손꼽히는 낚시터다. 하지만 가거도가 가진 진짜 보물은 산에 있다. 해수면에 딱 붙은 1구 대리 마을에서 높이 639미터의 독실산 정상에 오르기는 만만치 않다. 이름난 악산인 데다가 잘

관리된 인공 구조물이 없는 탓이다. 그럼에도 불구하고 이 작은 섬에 7개의 탐방로가 있다.

대리 마을에서 중국해와 서해, 남해의 실로 망망대해를 감상하며 산을 오르는 기분은 탐방로 1코스 명칭이 잘 담아내고 있다. '하늘을 여는 길'이다. 1코스 끝인 샛개재에서는 화룡산을 통해 하산하는 2코스 '선녀의 눈물을 보다'로 이어진다. 용왕의 아들과 선녀의 사랑에 대한 사연이 작은 섬에 설화를 남겼다. 하산하지 않고 독실산 정상으로 향하면 '하늘을 걸어 산 정상에 오르다'라는 3코스를 지나게 된다. 바다에서부터 시작된 산행이 독실산의 척추를 밟기 시작한다. 마치 나무 끝에 하늘이 걸린 듯한 신비로운 광경에 가슴 중앙이 저려온다. 높게 자란 풀과 잔가지를 몸으로 꺾으며 뚫어야 하는 험한 길에서 호흡은 가빠진다. 그래도 발걸음이 느려지지 않는 것은 정말로 하늘을 걷는 착각이 들기 때문이다. 정상에 가까워지면 이름과 목적지를 말하고 위병소를 통과한다. 레이더 기지에서 근무 중인 군인에게 하산 방향과 시간을 다시 한번 확인한다.

정상에서는 2구 항리 마을과 3구 대풍리 마을 그리고 등대로 이어진다. 7코스 '아름다운 조망이 있는 탐방로'는 섬등반도 중간에 자리 잡은 항리 마을로 통한다. 일출과 일몰을 보기에는 이만한 곳이 전국에 있을까 싶을 정도로 놀라운 풍광을 보여준다. 섬등반도의 세찬 바람에 밥풀을 날리면서도 주먹밥 도시락을 비운다. 늘 그리웠던 소풍의 향수를 달래주기 때문이다. 5코스 '바다와 숲이 만나는 길'은 대풍리 마을로 하산하여 등대까지 연결하는 먼 길이다. 가거도에서 가장 오지에 숨은 마을은 소박하면서도 은밀해서 저 남서쪽 끝의 비밀을 훔쳐보는 기분이다. 4코스 '원시림을 탐방하는 판타지 트레킹'은 맹세코 괜한 작명이 아니다. 판타지 영화 『아바타』의 배경 같은 이끼 낀 바위와 우거진 숲, 느닷없이 나타나는 야생 황소, 심지어 산거머리까지 있어 일반적인 산과는 확연한 차이가 난다. 산거머리에 물려 양말이 피투성이가 됐을 때는 기겁을 하고 드러누웠다. 6코스 '대한민국 최서남단 탐방로'는 등대와 항리 마을을 오가는 길이다. 산 정상이 아니라 산허리를 걸으며 원시림과 섬, 바다가 번갈아 시야를 가득 채우는 재미가 쏠쏠하다.

 배가 뜨지 않아 섬에 갇힌 날도 있었다. 풍랑을 피해 정박한 배에서는 외국인 근로자들이 우수수 내렸고, 가마솥에서 끓인 염소탕과 냉동 닭을 튀겨서 함께 먹었다. 말씨는 거칠지만 외국인 선원 한 명 한 명에게 더 많이 먹으라고 타박하는 한국인 선장이 기억에 남는다. 섬이 섬다운 모습으로 간직되어 있는 곳, 대한민국 최서남단에 가거도가 있다는 것을 꼭 말하고 싶다.

 "왜 섬 여행을 하세요?"
 "위로받기 위해서"
 "섬이 무슨 술 마시면 생각나는 옛날 애인인가요?"
 섬에 오면 취할 수 있는 것들이 너무 많다.
 언젠가 가거도에 갔을 때 언덕에 핀 잣밤나무꽃에 취해
 몽롱한 하루를 보낸 적이 있다.
 추자도 포구에 뜬 달은 고량주보다 독하게 내 피를 전율케

했다.
사옥도 저녁놀의 관능은 참을 수가 없어서 나는 한참이나 혼자 흥분했다.

-『물고기 여인숙』

 울릉도에서 이 선생님을 만나지 않았다면, 나는 뻔한 울릉도만 봤을지도 모른다. 울릉도에서 나고 자라신 선생님의 경험과 혜안이 가득 담긴 해설은 아직도 잊을 수 없다. 우리가 가는 길에는 항구를 가득 채우던 전세버스나 렌터카가 다니지 않는다. 샛길로 이동하고 옛길을 찾아 걷는다. 유래와 역사를 곁들이는 선생님의 안내에 존경심이 인다. 게스트하우스에서 만난 벽화 봉사 중인 화가를 인터뷰하며 친구가 됐다. 내가 그린 오징어 한 마리도 태하마을의 어촌계장님 댁 벽에서 해풍을 막아주고 있다.

 "울릉도의 사계절을 꼭 보세요."
 "네. 반드시 그렇게 하겠습니다."

 울릉도에서 사계절을 살아봐야겠다. 부동산과 주민센터를 돌며 집을 알아보다가 뭍으로 나왔지만, 나는 여전히 울릉도가 그립다. 언젠가 고립되고 싶은 사람 서너 명을 모아 낡은 목조 가옥을 빌리려고 한다. 바다를 지척에 두고 각자가 가지고 온 스케치북이나 오선지, 일기장을 채우며 한 계절씩 나고 싶다. 음악과 밥 짓는 냄새가 끊이지 않고 술도 떨어지지 않아야 한다. 통성명을 하지 않더라도 지독하게 내리는 눈을 보고 몽돌과 파도의 노래를 들으며 차차 서로를 알게 될 것이다.

> 섬을 여행해도
> 거기 살고 싶진 않죠.
> 민박은 해도
> 민박집 주인 되긴 싫죠.
> 바다가 좋아도
> 어부가 되고 싶진 않죠.
> 그렇죠?
>
> -『물고기 여인숙』

술만 진탕 마신 오키나와에서 아무것도 보지 못한 것은 아니다. 술을 마시며 만난 원주민들은 일본 본토와 자기네들의 차이점이자 자부심을 분명하게 가지고 있었다. 다음에 오키나와에 간다면 그런 분위기를 쫓아 볼 참이다.

타이완은 세 번째 여행이었다. 처음으로 타이페이와 가오슝을 벗어나 타이완의 동쪽인 타이동과 화렌을 보름 정도 다녀왔다. 마음의 고향인 타이완. 타이완의 지도는 언제나 흥미롭다. 중국 본토에 바짝 붙은 마쭈열도와 동남쪽의 란위섬까지 야금야금 여행하고 싶다.

세이셸은 이제 알려지기 시작한 인도양의 휴양지다. 영국 왕실, 할리우드 스타, 축구선수 베컴과 오바마 대통령의 휴가지로 알려졌고 한국 연예인이 다녀오면서 이슈가 되기도 했다. 좋은 기회가 있어 육 일 정도 다녀오게 되었는데, 일행을 돌려보내고 혼자 남기로 했다. 그 뒤로 비자까지 연장했더니 삼십칠 일이나 머물고 말았다. 128개 섬으로 이루어지긴 했지만 마헤, 프랄린, 라디그에 집중된 세이셸은 총 면적이 서울에도 한참 못 미친다. 그중 대표적인 3개 섬을 한 달 넘는 기간 동안 두세 번씩 돌았더니 가이드북이나 여행사에서 알려주지 않은 것을 볼 수 있었다. 처음에는 경악할만한 물가의 휴양지였지만 현지인들이 이용하는 식당과 숙소는 전혀 그렇지 않았다. 친구들에게 신혼여행지로 추천하고, 여행사를 통하지 않고 여행 수 있도록 일정을 도와주었는데 모두 만족해했다.

세이셸은 '지상 최후의 낙원' '죽기 전에 꼭 가봐야 할 곳'이라는 카피에 티끌만큼의 이견이 없을 만큼 기가 막힌 곳이다. 막연했던 천국의 모습이 세이셸을 알고 나서 조금 더 선명해졌다고나 할까. 지금은 고가의 허니문 여행 상품만 개발되었지만, 하루빨리 자유여행이나 패키지 상품이 만들어져서 많은 사람이 낙원을 경험할 수 있으면 좋겠다.

누군가는 또 그런다. 가기도 어렵고, 먹고 자는 것도 불편한 게 섬 아니냐고. 오히려 그런 점이 섬을 더욱 매력적인 곳으로 만들었다. 그곳에는 뭍에서 진즉에 갖다 버린 순결한 가치와 느림의 미학이 존재하고, 뭍에서는 만나기 어려운 원초적 풍경이 남아있다. 섬에 떨어진 이상, 그곳의 불편과 단절을 즐길 필요가 있다. 고유한 섬만의 시간을 천천히 그리고 가만히 거닐어 보는 것이다.

-『물고기 여인숙』

섬의 매력은 고립이다. 21세기에 섬과 육지를 구분하는 것이 우스운 일이지만, 아무리 섬과 육지에 다리를 놓고 공항을 만들고 모습이 닮아 간다고 해도 섬은 섬이다. 섬만의 향기가 있다. 섬에 간다고 해서 완전히 갇힐 수는 없지만 뭍으로 선뜻 나가지 못하게 하는 촉수에 걸려들고 싶은 기대 때문에 그곳으로 간다. 육지에서는 섬으로 가지 못하게 하는 어떤 이유도 없는 것을 보면 섬은 그 자체로 특별하다.

그러고 보면 여기저기를 둥둥 떠서 부유하는 나도 하나의 섬인지도 모른다. 함께 있어도 문득 외로울 때가 있고 때로는 등대처럼 고독하고, 오로지 혼자 감당해야 하는 일이 파도처럼 밀려올 때면 정말로 외딴 섬이 맞는 거 같다. 많은 사람이 방문했지만 끝내 누구도 주인이 되지 못한 섬. 무인도는 아니지만 정착한 이도 없는 섬. 뭍인 줄 알고 선불리 안심해버린 바보 같은 섬.

이번 겨울에는 섬 같은 사람들을 모아 울릉도에 갇히고 싶다.

누구나 머물고 싶은 섬을 찾아 떠도는 거야.
그게 인생이겠지.
그러나 평생을 떠돌아도 그런 멋진 섬은 없다고.

-『물고기 여인숙』

맛집

종로 3가에는 아직 이천 원짜리 해장국집이 있다. 빨간 고무 대야에 탑처럼 쌓여있는 깍두기가 유일한 찬이고 우거지 해장국이 유일한 메뉴다. 가마솥을 육십 년 넘게 지킨 솜씨가 그대로 느껴진다. 그 앞에는 두 개에 천 원인 도넛을 판다. 꽈배기 하나, 팥 도넛 하나를 사고, 천 원짜리 쌍화차에 오백 원을 더 주고 노른자를 띄워서 익선동을 산책한다. 아기자기한 가게가 들어선 한옥 골목길을 걸으며 달달한 도넛을 베어 문다. 익선동은 신구가 공존하는 먹거리 문화공간이다. 하지만 부동산 가격이 사정없이 오르기 시작했고 물가는 하늘을 찌른다. 밥을 먹고 디저트에 커피까지 마시려면 만 원짜리 몇 장이 필요하다.

익선동을 벗어나자마자 맛있고 싼 집은 수두룩하다. 국밥이 이천 원에서 삼천 원, 돼지국밥은 사천 원, 치킨 한 마리도 사천 원, 감자전과 소주 한 병이 오천 원. 처음 모습 그대로 삼십 년에서 오십 년 정도 장사했기 때문에 가게는 좁고 촌스러울 수밖에 없다. 하지만 그 세월을 버텼다면 뭐 하나라도 입맛에 맞는다.

"여긴 너무 불편해"라고 당신은 말한다. 그래서 마치 선심을 베풀듯 돈을 뿌리고 사진을 박고 쯧쯧 혀를 차며 서둘러 그곳을 떠난다. 불쌍한 건 당신이다. 손이 더렵혀질까 봐 당신은 그들의 삶을 만져보지도 않았다. 그건 여행도 아니고, 관광도 아니다.

-『바람의 여행자』

이런 곳은 인터넷으로 찾기 힘들다. 모든 여행과 모든 맛집이 다 있을 거 같은 사이버 공간에도 없는 게 있다. 포스팅을 하는 사람은 대부분 SNS에 익숙한 젊은이다. 그들은 조금 불편하거나 깨끗해 보이지 않는 곳은 시도하지 않는다. 대신 방송에 나왔거나 프랜차이즈라면 의심 없이 향한다. 그러고는 다른 곳에서 충분히 먹어보지 않았으면서, 여기가 맛집이라고 소개한다. 그렇게 돌고 돌아 맛없는 맛집이 수두룩해졌고, 소재가 바닥난 방송은 이런 현상을 부추겼다. 한 집 건너 한 집씩 방송에 출연했다는 간판이 걸린다. 몇 대 음식에 선정됐다는 헛소문이 돈다. 더 큰 문제는 모든 정보를 인터넷에 의존하게 되면서 사이버공간에 없는 것은 현실에도 없는 것으로 받아들이고 있는 세태다.

여행이란 것이 현실이며 아날로그 행위임에도 불구하고 그것은 끊임없이 확대 재생 되어 데이터를 클릭하는 것만으로도 가능한 가상현실이 되어 가고 있는 게 현실이다. 실체가 없는 여행은 사실상 존재하지 않는 여행이다. 땅을 밟지 않고는 땅의 푸슬함을 느낄 수가 없고, 갯벌에 나가지 않고는 비릿한 해풍을 맛볼 수가 없다.

-『은밀한 여행』

여행도 사정은 마찬가지다. 백 명이 같은 곳을 여행했지만, 추천하는 음식은 백 가지가 아니라 대여섯 가지 정도로 정리된다. 인터넷 정보를 보고 점심은 여기, 저녁은 저기, 내일은 어디 이렇게 정한 다음 시계를 보면서 사람을 질질 끌고 다닌다. 너무 견고한 계획을 하면 길 위의 수많은 현지 음식은 눈에 들어오지 않게 된다. 힘들게 찾아간 식당이 그럭저럭 맛있지만, 가게를 채운 손님의 절반 이상이 현지인이 아니라면 문제가 있다. 외국인의 입맛에 맞게 레시피를 바꾼 것이거나 정상적인 가격이 아닐 확률이 높다. 이태원에 있는 퓨전 레스토랑을 가는 것과 다를 게 없다.

종로든 베트남이든, 태국에 왔다면 도착하기 전부터 '맛집'을 검색하는 대신 직접 여러 가게의 메뉴판을 보고 적정 가격을 알아내고 현지인들이 먹는 메뉴를 살펴보는 게 어떨까. 편의점에서 물이라도 한 통 사며 동네 맛집을 추천받거나, 식당에 가서 주방장이 가장 자신 있어 하는 메뉴를 물어보는 것도 방법이다. 그러다 느낌이 팍 오는 가게가 있다면 대부분 성공한다. 남들이 잘 모르는 식당이면 어떻고, 내가 올린 글이 SNS에서 '좋아요'를 받지 못하면 또 어떤가. 숙제가 아니라 여행을 하고 있다는 생동감이 중요하다. 아무래도 마음에 쏙 드는 곳이 없다면 그때 검색을 시작해도 몇 분이면 해결할 수 있다.

식당에서 먹는 밥과 배달음식의 차이는 음식의 맛이 아니라, 현장에서만 느낄 수 있는 생동감이다. 생동감을 모두 차단해 버리는 여행은 일회용 용기에 밀봉돼서 배달된 패스트푸드와 다를 게 없다. 모든 곳에는 오래전부터 살고 있는 사람이 있고, 그 사람들이 사랑하는 음식과 분위기가 있다. 그것을 따라 한 번이라도 흘러가보자. 여행의 묘미, 맛기행에 빠질 것이다.

여행에도 방법이 있다고 말한다면, 내 여행의 방식은 아무런 방법도 구하지 않는 것이다. 그곳의 시간에 나를 맡기는 것이다. 어디를 여행하든 그곳에는 그곳만의 고유한 시간과 속도가 존재한다. 그곳의 고유한 시간을 무너뜨리고 속도를 거스르는 자는 여행자가 아니라 침입자다.

  － 『바람의 여행자』

향수

　해운대 재래시장이 있습니다. 리모델링으로 정돈되긴 했지만 맥을 그대로 이어오고 있습니다. 삼십 년 전에 다섯 살이던 소년은 어머니를 따라 시장에 다녔습니다. 삼십 분 정도 걸어야 했지만 그 정도는 원래 아이들도 걷는 거리였습니다. 어머니는 노상이나 다름없는 떡볶이 가게나 우엉김밥 파는 할머니에게 소년을 맡기고 장을 봐왔습니다. 소년은 크면서 김밥 한 줄을 사더라도 시장까지 찾아갔지만, 어느 날 김밥 가게는 사라지고 말았습니다. 어른이 되어서도 우엉김밥을 볼 때마다 사 먹어 보지만 아직 그 맛을 찾지 못했습니다. 해운대구청 뒤쪽에 있는 이름 모르는 족발가게. 부모님은 그 곳 족발만 드셨고, 소년도 족발을 좋아했기 때문에 한 시간을 걷더라도 심부름을 다녀오곤 했습니다.

　구멍가게에서 팔 장갑을 사러 가기도 했습니다. 빨간 반코팅장갑, 목장갑. 골목길을 이십 분 정도 걸으면 일반 가정집처럼 생긴 공장이 나옵니다. 나무 대문을 열면 장갑 만드는 기계가 쉴 틈 없이 돌아가고 있습니다. 장갑을 떼서 집으로 돌아옵니다.

　부모님이 안 계시면 아침 일찍 셔터를 올리고 가게를 열었습니다. 방과 부엌이 딸린 구멍가게에서 장사를 하며 암산을 배웠습니다. 가게를 보는 날은 아버지께서 돈가스 시켜 먹을 돈을 주셔서 좋았지만, 친구들과 놀지 못해서 짜증이 나기도 했습니다.

　일곱 살이나 여덟 살 때 오토바이 사고를 당했습니다. 한창 뛰어노는 아이도 중국집 배달부 아저씨도 서로를 신경 쓰지 못한 것이죠. 한동안 걷지 못하고 누워있었습니다. 아저씨는 하루가 멀다 하고 집에 찾아왔고, 소년은 열흘쯤 뒤에 절뚝거리며 걸을 수 있었습니다. 걱정하는 사람은 많았지만 화를 내는 사람은 없었습니다. 그래서 소년은 지금도 아팠던 기억은 없고, 서비스로 배달되던 맛있는 군만두가 기억납니다. 모든 게 괜찮아질 줄, 그때부터 알고 있었습니다.

　몇 년 전 고향친구와 예전에 살던 동네를 돌아다녔습니다. 개발에서 밀려난 동네는 삼십 년 세월에도 크게 달라진 게 없었지만 사람이 많이 떠난 듯 썰렁했습니다. 골목길에 선을 긋고 피구 하던 아이들과 딱지치고 팽이 돌리던 아이들, 전봇대에서 다방구를 하던 아이들이 사라졌고, 우리 가게 앞 평상에 모여서 수다 떨던 아주머니들도 볼 수 없었습니다. 다방구는 정말 재미있는 놀이인데, 안 한 지 이십 년쯤 되었습니다. 왠지 그곳에 가면 다방구하는 소년들이 있을 거 같았지만 착각이었습니다. 거리는 을씨년스러웠고 집집마다 문이 꼭 잠겨 있었습니다.

오랫 동안 나는 이 땅의 궁벽한 곳들을 찾아다니며 더러 유년 시절의 추억을 만날 수 있었지만, 그 세계는 오래 지속되지 않았다. 내가 지나갔던 시간과 장소들은 대부분 관념적인 고고학에 묻혀 버렸다. 지금은 사라져 버렸지만, 그것이 사라져서는 안 된다고 말하는 것이 얼마나 부질없는 짓인가. 내가 지켜 갈 것도 아니면서 누군가가 지켜 주기를 바라는 것이 얼마나 공허한 희망인가.

- 『은밀한 여행』

중학교 2학년 때 아파트로 이사했습니다. 화장실이 집 안에 있다는 게 신났습니다. 하지만 더 신나는 바깥 놀이를 더 이상 할 수 없었습니다. 조금 더 크자 시간에 맞춰 학원 봉고차가 데리러 왔습니다. 할 수 있는 건 더 많아졌지만, 아무것도 제대로 해보지 못하고 어른이 되었습니다.

누구나 향수가 있습니다. 왜 향수는 대부분 어린 시절에 있을까요. 오래되어야 향이 더 강해지는 건 왜일까요. 어쩌면 다시 돌아갈 수 없다는 사실을 넘어, 이제 그런 모습은 어디에서도 볼 수 없게 된다는 안타까움 때문인지도 모릅니다. 기억하고 있는 모습들을 더 이상 이 세상에서 못 보게 됩니다. 분명히 있었는데 증명할 방법이 없습니다. 그것들은 오로지 기억 속에 남아 있을 뿐, 어쩌면 처음부터 없었는지도 모른다는 착각에 빠질지도 모릅니다.

나는 시대착오적인 향수병자임에 틀림없다. 새것의 깨끗함과 세련됨보다는 오래된 것의 손때 묻음과 닳음, 빛바램, 쓸모없음, 아직은 이런 것들에 더 애착이 간다. 낡고 비틀어진 집과 세간, 그리고 옛 빛에 잠긴 마을과, 동구에서 마을로 구불구불 이어진 고샅길과, 누군가는 미신이라고 몰아붙이는 서낭당과, 아직도 빨래 방망이 소리가 청명하게 들리는 개울과, 개울을 얼금설금 질러가는 섶다리와, 나룻배 한 척이 한가롭게 흔들리는 나루터 같은 것들. 만일 그것들이 늘 존재하고, 어디를 가나 볼 수 있는 흔한 것들이라면 이제껏 나는 그것들을 찾아 떠돌지 않았을 것이다. 그것은 사라져 가고 있기 때문에 남기고 싶은 정서를 자극한다.

-『은밀한 여행』

모든 것은 세월을 관통해 마침내 변곡점을 지나게 됩니다. 하지만 지금 같은 속도라면 곤란합니다. 예전에는 적어도 흔적은 남아있었습니다. 지금은 가차 없이 사라지고 새로운 것으로 대체됩니다. 간격이 너무 짧아서 대체한 것도 곧 다른 모습으로 변해버립니다. 모든 것이 사라질 것만 같아서 무엇을 기억하고 무엇을 지켜야 할지 알 수 없습니다.

일단 저질러 놓고 고쳐나가는 임기응변 방식으로 세상은 바뀌었습니다. 선조들이 그랬던 것처럼 처음부터 오래갈 수 있는 방법, 공존할 수 있는 방법을 찾을 수는 없게 된 걸까요.

도시라는 거대한 괴물은 호시탐탐 힘없는 농촌을 집어삼킬 생각만 한다. 시골이란 곳이 춥고, 불편하고, 멀기까지 하며, 없는 것이 많다는 것을 부정하지 않는다. 그러나 그것이 시골의 문제라고 보는 것은 도시적인 시각일 뿐이다. 사실 도시의 문제는 훨씬 더 심각하다. 매연과 폐수, 교통 체증, 쓰레기 문제, 자원 고갈과 환경 파괴는 그저 표면적인 문제에 불과하다. 도시화라는 개발 논리는 전통적인 인간관계를 무너뜨렸으며, 실업자와 노숙자를 늘려 놓았고, 질 나쁜 범죄와 신종 질병과 재앙, 정신적 피폐함을 가져왔다. 개발의 혜택은 소수에게는 엄청난 이득을 안겨 주었지만, 다수에게는 비참함과 낭패감만 안겨 주었다. 개발이란 것이 우리의 생활에 변화를 가져왔을지언정 개선을 가져오지는 못했다.

-『은밀한 여행』

우리는 A/S세대가 되었습니다. 고장 난 세상을 고치면서 살고 있습니다. 쉬지 않고 달려왔더니 퍼져버린 겁니다. 그래도 계속해서 더 빠른 엔진을 연구 중입니다. 이제 걷고 싶습니다. 좋은 것 열 가지를 한꺼번에 경험하는 세상보다, 한 가지씩 차근차근 나아지는 세상에서 살고 싶습니다.

에필로그

우리의
진짜
나이는

우리의 진짜 나이는

이 책에는 견해와 시선이 바뀌는 내가 여지없이 드러난다. 지금 읽어보면 부끄러운 생각도 고치지 않고 그대로 담았다. 어차피 얼마만큼 덜 부끄러우냐의 차이일 뿐이니, 독자에게 솔직한 게 최선인 거 같다. 올해부터는 여행에 대한 갈망이 수그러들었다. 여행이란 분명히 특별하지만, 그것이 내 삶을 휘청거리게 할 정도는 아니란 걸 알았기 때문이다. 어쨌든 나는 앞으로 자주 오래 길 위에 설 것이고, 그날까지는 지금의 삶이 어떤 모습이더라도 사랑할 수 있게 된 것이다. 사실 처음에는 여행이 최고라고 외치고 싶었으나, 원고를 쓰면 쓸수록, 여행은 내게 세상에 등수는 없다는 것을 말하고 있었다. 내가 거기에 완전히 설득되었을 때, 비로소 탈고를 하게 됐다.

어떤 필리핀 여자가 내게 말했다. 이제 겨우 스물여덟이지만, 세상을 경험한 정도는 쉰 살 정도 된다고. 밤을 꼴딱 새며 그녀의 개인사를 듣다 보니 그녀가 정말로 쉰 살로 보였다. 과거는 과거일 뿐이라는 말

말고는 그녀를 위로할 말을 찾을 수 없었다. 헤어진 자신의 아이에게 잘못한 게 많아 전공을 포기하고 아이를 가르치는 일을 하고 있고, 마음이 병들지 않기 위해 늘 활짝 웃기만 했다. 이제 그녀의 싱그러운 미소는 볼 수 없지만, 그녀를 위해 기도한다. 쉰 살이 되었을 때, 세상을 경험한 나이가 여전히 쉰 살이기를.

나는 종종 사람들에게 과거로 돌아가고 싶냐고 물어본다. 그렇다고 대답하는 사람들은 못 이룬 꿈에 도전하거나 새로운 사람을 만나기 위해서, 어떨 때는 단 하나의 사건을 바로 잡고 싶어서라고 이유를 말한다. 나는 돌아가고 싶은 과거가 생각나지 않는다. 과거의 나는 현재의 나보다 언제나 미숙하고 불안했기 때문이다. 숱한 날을 거름 삼아 지금의 덜 미숙한 내가 있는 것이다. 나는 지금이, 지금의 내가 좋다.

특히 최근 이 년 동안은 나를 매섭게 가르친 시간이었다. 이 책을 쓰겠다고 마음먹고 오늘까지 나는 가장 미생을 살았다. 아무도 그러라고 한 적 없는데, 여행에 대해서 말하지 못해 안달이 났다. 떠나야 할 이유도 없으면서 여행하지 못해 발을 동동 굴렀다. 원고를 쓰지 못하는 이유가 이렇게 떠버린 내 마음 때문이라고 생각했지만 나는 틀렸다. 나는 내가 하려는 이야기에 대해서 충분히 경험하지 않았기 때문에, 원고에 맞는 제 나이가 아니었기 때문에 제대로 쓰지 못했던 것이다.

우리의 진짜 나이는 몇 살일까? 나는 오늘도 성숙한 아이와 미숙한 어른이 섞여 있는 세상을 본다. 그럴 때마다 성숙함은 아이에게 지혜가 되고, 미숙함은 구김 없는 어른이기를 바란다. 나 역시 적어도 나잇값을 하는 사람이 되고 싶다. 내가 잘 살고 있는지는 모르겠지만, 사람 구실을 한다면 여행에서 얻은 감동과 성찰 덕분인 것은 확실하다. 그래서 나는 당신에게 꼭 맞는, 당신이 할 수 있는 여행을 하라고 계속해서 말하고 싶은 것이다.

독자를 위한 공간이지만 미안함을 무릅쓰고, 몇 줄 빌려 전하고 싶은 인사가 있다. 모범이 되어주신 부모님과 술과 밥을 아끼지 않고 대접해 준 친구들, 따뜻하게 함께해 준 선배들과 동료들, 그리고 올해 새로 만난 사랑스럽고 예쁜 이웃들, 그리고 이 책에 인용된 책을 만들어 준 출판관계자에게 감사와 경의를 전한다.

끝으로 책을 읽어주신 독자분들께.
인사치레로 하는 말이 아닙니다.
진심으로 감사합니다.

행복한 이문동에서
문상건 드림

인용 도서 목록

최갑수, 「위로였으면 좋겠다」, 꿈의지도, 2014
최갑수, 「내가 나를 사랑하는 일 당신이 당신을 사랑하는 일」,
　　　예담, 2013
최갑수, 「당분간은 나를 위해서만」, 예담, 2007
최갑수, 「우리는 사랑 아니면 여행이겠지」, 예담출판사, 2003
최갑수, 「잘 지내나요 내 인생」, 나무수, 2010
최갑수, 「행복이 오지 않으면 만나러 가야지」, 예담, 1999
박민우, 「1만 시간 동안의 남미1」, 플럼북스, 2007
박민우, 「1만 시간 동안의 남미2」, 플럼북스, 2008
박민우, 「1만 시간 동안의 남미3」, 플럼북스, 2008
박민우, 「1만 시간 동안의 아시아1」, 플럼북스, 2011
박민우, 「1만 시간 동안의 아시아2」, 플럼북스, 2011
박민우, 「1만 시간 동안의 아시아3」, 플럼북스, 2011
박민우, 「지금이니까 인도 지금이라서 훈자」, 플럼북스, 2016
박민우, 「행복이 별처럼 쏟아지는 구멍가게」, 플럼북스, 2007
박민우, 「행복한 멈춤, STAY」, 플럼북스, 2010
이용한, 「물고기 여인숙」, 링거스그룹, 2010
이용한, 「바람의 여행자」, 넥서스, 2008
이용한, 「사라져가는 오지마을을 찾아서」, 실천문학사, 1998
이용한, 「은밀한 여행」, 랜덤하우스 코리아, 2007
이용한, 「잠시만 어깨를 빌려줘」, 상상출판, 2012
이용한, 「하늘에서 가장 가까운 길」, 넥서스BOOKS, 2007

박준, 「On the Road」, 넥서스BOOKS, 2006

박준, 「뉴욕, 뉴요커」, 생각을담는집, 2012

박준, 「방콕여행자」, 삼성출판사, 2012

박준, 「언제나 써바이 써바이」, 웅진윙스, 2008

박준, 「떠나고 싶을 때 나는 읽는다」, 어바웃어북, 2016

변종모, 「같은 시간에 우린 어쩌면」, 시공사, 2015

변종모, 「그래도 나는 당신이 달다」, 허밍버드, 2013

변종모, 「나는 걸었고 세상은 말했다」, 시공사, 2014

변종모, 「아무도 그립지 않다는 거짓말」, 달, 2012

변종모, 「여행도 병이고 사랑도 병이다」, 달, 2009

변종모, 「짝사랑도 병이다」, 가쎄, 2006

이지상, 「겨울의 심장」, 북하우스, 2001

이지상, 「그때, 타이완을 만났다」, 알에이치코리아, 2015

이지상, 「길 없는 길 실크로드」, 평화출판사, 1994

이지상, 「길 위의 천국」, 북하우스, 2003

이지상, 「나는 늘 아프리카가 그립다」, 디자인하우스, 1999

이지상, 「낯선 여행길에서 우연히 만난다면」, 중앙북스, 1999

이지상, 「도시탐독」, 알에이치코리아, 2013

이지상, 「슬픈 인도」, 북하우스, 2000

이지상, 「언제나 여행처럼」, 중악북스, 2010

이지상, 「여행가」, 북하우스, 2003

이지상, 「호찌민과 시클로」, 북하우스, 2007

여행이 말할 수 있다면

초판 1쇄 발행일 2019년 9월 19일

지은이	문상건
발행인	문상건
펴낸곳	슬기북스

출판등록	2019년 2월 11일 제307-2019-59호
주소	(02781) 서울특별시 성북구 화랑로40길 22-40, 201호
전화	02-6212-2841
팩스	02-6455-2841
이메일	sg-book@naver.com

ISBN 979-11-966370-2-6 (03810)

- 슬기북스는 작가의 삶을 응원합니다.
- 슬기북스는 독자의 시간이 아깝지 않은 책을 만듭니다.

- 본서의 내용을 무단 복제하는 것은 저작권법에 의해 금지되어 있습니다.
- 잘못된 책은 구입처에서 교환해 드립니다.
- 책값은 뒤표지에 있습니다.

이 도서의 국립중앙도서관 출판예정도서목록(CIP)은 서지정보유통지원시스템 홈페이지(http://seoji.nl.go.kr)와 국가자료종합목록 구축시스템(http://kolis-net.nl.go.kr)에서 이용하실 수 있습니다. (CIP제어번호 : CIP2019032438)